PARMI LES MORTS

Les enquêtes
de l'extraordinaire

Gilles Reix

PARMI LES MORTS

Les enquêtes de l'extraordinaire

MAREUIL
ÉDITIONS

Cet ouvrage paraît dans la collection dirigée
par Jacques Dallest

Les livres de la collection

Cold cases, un magistrat enquête, Jacques Dallest, 2023
L'écho des ombres, Jean-Yves Labrousse, Camille Labrousse, Constance Bostoen, 2023
Ma rencontre avec le mal, Michel Fourniret – Monique Olivier, Francis
Nachbar, 2023
Règlements de comptes à Marseille, Denis Trossero, 2024
Pardonner, Anaïs Gletty, Nathalie Mazier, 2024
Femmes criminelles, Gilbert Thiel, 2024
Indéfendables Mémoires, Gilbert Collard, 2024
Consentements, les vérités d'une magistrate, Marie-Pierre Porchy, 2024

ISBN : 978-2372543965

Pour vous tenir informé des prochaines publications de Mareuil Éditions, rendez-vous sur : www.mareuil-editions.com

À ma famille.
À toutes celles et tous ceux
dont le miel adoucit le présent.

Remerciements

À Jacques Dallest pour ses conseils toujours généreux et éclairés.

À toutes les personnes que je cite, et à toutes celles que j'aurais dû citer et dont les noms sont associés à jamais aux procédures dans lesquelles elles ont été meurtries ou ont œuvré.

À nos souvenirs communs.

Sommaire

TSUNAMI DANS L'OCÉAN INDIEN

13 NOVEMBRE 2015

ASSAUT FINAL À CORBILLON

Préface

Six histoires. Six histoires de mort, en France et ailleurs. Pas de mort isolée, des morts collectives, des sommes de drames humains. Une arithmétique des disparitions. Un puzzle lugubre, parfois. Et des énigmes à résoudre, souvent : celle du nombre, celle des identités, celle des circonstances et causes exactes des décès. Des responsabilités. Plus de questions que de réponses, de prime abord…

Quand surgit le chaos, pour la paix des familles, et à la fin de tout, quand retombent l'émotion populaire et les gesticulations politiques, il faut rendre les corps. Pas de deuil sans cadavre, sans respect dû au défunt, sans rituel autour de la dépouille. Mais qu'en reste-t-il lorsque les victimes ont été broyées par un camion lancé à pleine vitesse, déchiquetées par l'explosion d'un fanatique ou vaporisées par le crash d'un avion lancé à pleine vitesse ? Le travail dont Gilles Reix parle dans cet ouvrage est celui de lecteurs de cadavres dont la tâche est essentielle : pour la Justice des hommes et pour la mémoire des proches. C'est une tache fondamentale, menée en totale collaboration avec les médecins légistes, les généticiens, les techniciens d'investigation criminelle, l'identité judiciaire, les militaires, les experts de tous champs disciplinaires (et les autorités locales lorsque les opérations sont en territoire extérieur).

Chacune de ces histoires nous parle, parce qu'elle touche notre famille, nos souvenirs, notre vécu, nos ressentis… ou nos craintes. Parfois même nos cauchemars. L'analyse qu'en donne Gilles Reix permet d'en saisir l'importance, les détails des rouages internes, le descriptif de la marche précise. Chaque scène de catastrophe (accident, crime ou attentat) est comme une fourmilière ou une termitière : chacun y trouve sa place (plus ou moins vite…), apportant sa pierre à l'édifice. Les protocoles sont là, en amont, mais il faut parfois s'en affranchir pour plus de fluidité ou d'efficience. On ne survit pas, dans ces circonstances exceptionnelles, sans souplesse ni humanisme.

Les chiffres qu'on va lire plus loin donnent le vertige. Les écouvillons, les prélèvements, les gants, les sacs plastiques, les housses mortuaires, les codes-barres, les clichés photographiques se comptent en milliers ou dizaines de milliers pour chaque affaire. Combien d'analyses, combien de temps de dépouillement des données ?

Partout, malgré tout, entre ces lignes, il y a l'humanité. Celle des victimes, qui constituent des patients pour lesquels le respect n'est jamais oublié. Mais aussi celles des hommes et des femmes qui, dans l'ombre, nuit et jour, sur le terrain et au laboratoire, dans les archives ou au bureau, sous la blouse ou dans un uniforme, œuvrent sans cesse pour « la manifestation de la vérité ». Quoi qu'il en coûte.

C'est tout l'intérêt de l'ouvrage de Gilles Reix de « donner à voir » l'invisible, de révéler au grand public tout ce qu'on ne raconte pas, tout ce qu'on ne montre pas. On appréciera son style efficace, ses détails qui rendent vivant un récit dont le thème n'apparaît pas forcément évident. Merci pour ce travail d'ouverture, et cet éclairage nouveau qui comble une longue attente.

Dr Philippe CHARLIER
Directeur du Laboratoire anthropologie, archéologie, biologie (LAAB)

Avant-propos

Lorsque Jacques Dallest[1] m'a encouragé à écrire cet ouvrage, j'ai pensé que les morts ne m'y autoriseraient pas, tous ces morts, hommes, femmes et enfants, disparus dans des circonstances tragiques, hors du commun : catastrophes naturelles comme le tsunami de 2004 en Thaïlande, accidents comme le crash de l'A320 de la Germanwings à Seyne-les-Alpes, ou lors de tueries de masse comme les attentats parisiens de 2015.

Enquêteur de Police scientifique durant plus de deux décennies, mon métier fut d'identifier ces victimes atrocement mutilées, méconnaissables, de leur redonner un nom, de leur restituer leur histoire pour qu'elles puissent, en quelque sorte, retrouver les leurs et reposer en paix, enfin. Ne disait-on pas dans l'Égypte ancienne que l'âme d'un mort vivrait aussi longtemps qu'on citerait son nom ? Je crois également que quand un mort à un nom, il a une âme.

La mission majeure qui nous était assignée, à mes collègues et à moi-même, consistait à appliquer des techniques de criminalistique moderne à une multitude de corps devenus soudainement anonymes, grâce aux identifiants primaires que sont les empreintes digitales, l'ADN[2]

1. Magistrat honoraire, ancien procureur général près la Cour d'appel de Grenoble. Auteur de *Cold Cases, un magistrat enquête*, éditions Mareuil, 2023.
2. Acide désoxyribonucléique.

ou l'odontologie, mais toujours confrontés à cette même question : comment s'organiser au milieu du chaos ?

Cela peut paraître singulier, mais j'ai toujours eu le sentiment d'entretenir un lien avec chacun de ces malheureux, un dialogue ininterrompu, une relation défiant le temps et l'espace, d'être un trait d'union entre leur monde et celui des vivants. Aussi, je le sais, maintenant ils m'ont autorisé à vous dévoiler les conditions de leur disparition et le processus de leur retour parmi nous.

*

* *

Je m'appelle Gilles Reix, j'ai 62 ans, je suis marié, j'ai deux enfants. D'aussi loin que je me souvienne, j'ai toujours été un enfant heureux. J'ai grandi dans la ferme de mes grands-parents, avec mes parents et mon frère plus jeune, dans un petit bourg niché au cœur du Limousin, au milieu de nulle part, en plein centre d'un triangle abandonné, formé par les routes reliant Limoges, Périgueux et Angoulême.

Entouré de vaches, de poules et de lapins, le temps s'écoulait naturellement, au rythme des saisons. Nous apprenions les arcanes de la vie et de la mort en observant ce que les adultes arrachaient à la terre, le bétail et leur dur labeur. Nous étions en « immersion totale », comme l'on dit aujourd'hui. Je n'ai jamais manqué de rien, bien au contraire, on m'a tout donné.

Après l'école, la communale, le lycée, l'internat joyeux de la seconde à la terminale, le Bac, la fac de droit rapidement désertée et l'armée, il a été l'heure de sortir de ma cour de ferme et, sans même le savoir, d'atterrir dans la « cour du Roi ».

J'ai passé le concours de Gardien de la paix. Admis, j'ai choisi la Préfecture de Police. Je n'ai pas fait ce choix tout à fait par hasard. À l'âge de 12 ou 13 ans, mes parents m'avaient présenté un vieux flic à la retraite, Jean Dumur. Il habitait un autre village où nous rendions régulièrement visite à des cousins.

Toujours impeccablement habillé – veste, chemise blanche et cravate – quelle que soit la saison, ce vieil homme chauve ressemblait à Kojak, le détective incarné par Telly Savalas, vedette du petit écran dans les années 1970. Mes parents lui avaient fait part de mon intérêt pour la police. Jean Dumur m'avait alors prêté son press-book professionnel où étaient consignés les récits de ses plus belles affaires. Un roman vrai, illustré de photos de crimes, d'articles de presse et de doubles carbonés de procès-verbaux... À 13 ans, je me suis plongé avec délice dans les dossiers Dumur/Kojak sans que mes parents n'y voient le moindre mal !

En 1983, je rentre donc au Centre de formation de la Police d'Aubière, à côté de Clermont-Ferrand, où je passe six mois très agréables. Formation passionnante, formateurs passionnés. Mon rang de major de promotion me permet de choisir le poste que je désirais dans la banlieue de l'Ouest parisien : le commissariat de Saint-Cloud. J'y passerai dix ans. Deux ans après mon arrivée, je me montre curieux et inspiré durant une enquête et on me propose d'intégrer l'équipe des inspecteurs de police.

Dès lors, je participe aux enquêtes judiciaires et administratives. Je ne m'élève pas seulement d'un étage, je m'épaissis. Du sprint je passe au fond. Je touche vraiment de mes dix doigts, en plus du clavier de la machine à écrire Olympia, le vrai métier de flic tel que je l'imagine.

Plusieurs de mes collègues ont marqué à jamais ma façon de voir les choses. Ils m'ont appris à regarder les beautés de la vie, à travers les ombres de la mort. Ils m'ont tenu la main pour me guider jusqu'aux portes des plus grandes noirceurs de l'âme humaine quand elle s'accommode avec le crime. La police est un métier de transmission et d'accompagnement, on n'y apprend rien tout seul. Quand un enfant curieux veut voir le fond du précipice, on lui tient la main. Quand on entre dans la Police, on est tenu par la main des anciens. Je regarde, j'écoute, j'apprends à devenir moi-même.

En 1994, le directeur départemental des Hauts-de-Seine décide de remettre en tenue tous ceux qui, comme moi, occupent un poste en civil. La politique ministérielle est pourtant de développer le corps des gardiens de la paix vers les métiers de l'investigation. Mais – je n'ai jamais su pourquoi – je dois quitter mes amis enquêteurs et retourner dans une brigade en tenue de voie publique. C'est à ce moment-là qu'intervient « l'opportunité ». Et une opportunité est toujours aussi fugace qu'une glycine au printemps. Elle sent bon, est très belle mais se fane très rapidement…

Cette « chance » se présente sous les traits d'un télégramme émis par Le ministre de l'Intérieur qui souhaite développer la Police technique et scientifique sur tout le territoire. Il cherche des candidats.

D'un service plutôt confidentiel, dont personne ne sait exactement, comment il fonctionne le ministre veut faire un service de police de proximité à la pointe de la technologie. Objectif : se déplacer chez chaque victime, dès le moindre petit délit. Lubie ou vaste projet visionnaire ? En tout cas, c'est culotté ! Dans les services d'identité judiciaire de l'époque, on trouve des fonctionnaires compétents, motivés et d'autres moins. Élever toute l'identité judiciaire à ce niveau d'excellence reste une gageure, même quand un ministre l'ordonne.

Pour la première fois, je n'ai pas le soutien de mes collègues qui balayent d'un revers de main l'idée loufoque que je leur expose : proposer ma candidature. Je vois dans cette nouvelle perspective, comme je le faisais enfant à la ferme et dans les bois alentours, la possibilité de redevenir pisteur-traqueur.

Une occasion m'est donnée de revenir à mes origines : observer, sentir, voir… toute ma jeunesse ! Je le sens, je le sais, j'y crois dur comme fer : ce métier est fait pour moi.

Je passe le casting pour la création de ce premier service de Police scientifique de proximité dans le département des Hauts-de-Seine. Je suis retenu. Le SLPT[3] de Nanterre voit le jour en septembre 1994.

Nos missions nous sont assignées très clairement et sans tabou : nous former d'abord, vendre ensuite nos compétences auprès des commissariats du département dont il faut reconquérir la confiance par la preuve scientifique, évanouie dans le vide sidéral de tant d'années d'abandon.

Enfin, il nous faut transmettre nos connaissances acquises pour multiplier nos effectifs et éduquer ceux qui peuvent encore être sauvés des plus mauvais réflexes sur les scènes d'infraction. Autrement dit, nous devons imposer aux vieux enquêteurs à l'ancienne de ne plus toucher à rien et de nous appeler au plus vite, nous les jeunots, sur chaque affaire. Sacrée feuille de route.

3. Service local de Police technique.

Les premiers mois sont tout aussi enrichissants que mon arrivée à Saint-Cloud. Nouveaux locaux mais vides de matériel, nouveaux collègues mais sans illusions sur nos capacités...

Toutefois, je n'ai plus le même âge et je suis déjà aguerri aux arcanes de l'administration et de la chose policière. Je sais ce que sont les flics, je connais leurs attentes et leurs contraintes dans les procédures judiciaires. En un mot, je sais que le chemin sera long et compliqué. À Nanterre, nous avons un avantage énorme : celui d'être dans le département le plus riche de France. Nous bénéficions d'avantages que nos collègues nous envient.

Pour entamer notre formation dans ce métier inconnu, nous sommes envoyés dans le saint des saints : l'identité judiciaire de la Préfecture de Police. Nous y arrivons le lundi 3 octobre 1994. La date vaut d'être précisée car dès le lendemain a lieu un des événements criminels les plus marquants des années 1990 : l'affaire Florence Rey/ Audry Maupin, ces deux jeunes marginaux aux gueules d'anges, qui se sont mués en de redoutables tueurs lors d'une folle cavalcade nocturne à travers Paris, exécutant de sang-froid un chauffeur de taxi et trois policiers.

Je découvre au dépôt du tribunal, quelques jours plus tard, l'existence et la vie bien réglée des « sœurs de la congrégation de Marie-Joseph et de la miséricorde » qui surveillent le quartier des femmes. Elles me font visiter leur domaine et m'apprennent que leur maison mère et leur pensionnat de retraite se trouvent au Dorat, en Haute-Vienne, à trente kilomètres de chez moi. J'irai les visiter à l'occasion de mes vacances de Noël. Victimes de la crise des vocations, le 30 avril 2013 : « Elles sont parties, comme l'écrit le Parisien, sur la pointe des pieds, après cent quarante-huit ans passés au sein du dépôt de la Préfecture de Police, (…) où elles vivaient dans les mêmes cellules que celles, spartiates, qui accueillent les femmes dans l'attente de leur présentation devant un magistrat. »

Début 1995, nous retournons à Nanterre et à nos travaux plus routiniers, consacrés aux petits délits. Durant les années qui suivent, je passe et j'obtiens les qualifications de formateur, de technicien de scène de crime, mais je ne peux les exercer pleinement car mon service doit toujours s'effacer devant celui de l'IJPP[4] quand surviennent les plus grosses affaires, les affaires criminelles, celles qui m'intéressent.

Au printemps 2000, un autre télégramme arrive à Nanterre. L'IJPP recrute. Je ne réfléchis pas, ne demande son avis à personne, mon envie est trop grande d'élargir mes connaissances et de m'investir dans ce qui pour moi reste le Graal : les affaires criminelles. Je veux voir et faire partie de l'IJPP. Je veux connaître l'excellence du métier.

Au mois d'octobre 2000, je suis muté au « quai de l'Horloge », dans les locaux vétustes de cet endroit que je n'ai jamais pu oublier depuis le stage de 1994 et l'affaire Florence Rey.

Richard Marlet, le commissaire divisionnaire et patron des lieux, nous y accueille chaleureusement. Nous sommes une quinzaine de nouveaux, mais je suis l'un des rares formés aux investigations de terrain, et opérationnels immédiatement.

Dès lors, le groupe de sortie de la permanence sur les affaires criminelles m'ouvre grand les bras. Je sais que j'ai tous les atouts pour pouvoir enfin m'exprimer

4. Identité judiciaire de la Préfecture de Police.

pleinement dans la recherche des traces et des indices sur de « belles affaires ».

Je vais découvrir bien plus qu'un simple service de police, je vais y apprendre toute son histoire passionnante depuis qu'Alphonse Bertillon l'a créé, en 1880. Cent vingt ans que ce service existe, le plus vieux service de Police scientifique au monde ! Il n'a pas changé de nom depuis 1893 !

Nos locaux sont en partie situés dans une aile de la Conciergerie, à cinquante mètres de la Sainte-Chapelle, adossés aux murs du premier château des rois de France. Une autre exploration commence pour moi. J'attends des vieux murs et de la tour Bonbec qu'ils me parlent, m'enseignent ce qu'ils ont vu et entendu. Je veux m'inscrire dans cette histoire, dans cette chaîne des transmissions et des savoirs. Je suis enfin arrivé dans la fameuse « cour du Roi ». Il m'aura fallu dix-sept ans de voyage depuis ma cour de ferme.

Je l'ai dit et le répète, j'ai toujours voulu participer aux grandes affaires criminelles, aux événements majeurs de notre pays ; je ne vais pas être déçu. L'actualité est riche, à Paris. La fraîcheur du fait divers du jour repousse celui de la veille. Ce qui n'empêche pas une véritable hiérarchie dans l'horreur du crime, les affaires frappantes, indélébiles, vous marquent au fer rouge. J'ai eu de la chance d'avoir été en âge et en capacité professionnelle de les affronter au mieux. Le climax[5] de ma carrière, arrivera cinq ans avant ma retraite. Il durera une interminable année, cette terrible année 2015.

5. Climax : point ultime ou culminant dans une succession ou progression à travers le temps.

TUERIE À CHARLIE HEBDO
ET PRISE D'OTAGES
À L'HYPER CACHER

1. Charlie Hebdo

Je suis à mon bureau de l'Identité judiciaire parisienne, ce mercredi 7 janvier 2015. Il est 11 h 45. J'occupe le poste d'adjoint au chef d'état-major. Je discute avec Marion F., commissaire de police, l'adjointe du patron. L'ambiance est détendue. Pour la plupart d'entre nous, ce début d'année s'annonce calme. Nous revenons des vacances de Noël. Le chef de service, le commissaire divisionnaire Xavier E., est encore dans sa belle ville de La Rochelle. Aujourd'hui, aucun programme chargé à l'horizon.

Le bureau n° 2 que j'occupe avec le chef d'état-major, le commandant fonctionnel Francis B., est couramment appelé le B2. Il est situé au milieu des bureaux des deux commissaires. Les portes communicantes sont toujours ouvertes. Le B2 est le passage obligé pour quiconque vient gratter aux paillassons des tauliers.[1]

Nous sommes un peu les garants de la tranquillité de nos chefs. Nous filtrons les demandes, tenons les statistiques, nous nous assurons de la présence ou non des effectifs dans leurs sections, et sommes chargés de mille autres tâches d'intendance. Avec Francis, nous sommes une paire de couteaux suisses, au service de deux cents personnes.

Francis est un ancien chef de groupe de la brigade criminelle ayant travaillé sur des affaires importantes,

1. Les commissaires chefs de service en jargon policier.

comme celle du tueur en série de l'Est parisien, Guy Georges. Pour ma part, je suis technicien de scène de crime, coordinateur en Police scientifique et formateur dans ma spécialité des empreintes digitales. J'appartiens également à l'Unité nationale d'identification des victimes de catastrophes. Nous nous complétons et avons la mémoire de nos services et des grandes affaires passées.

Coup de semonce

Soudain, un collègue se présente au B2 et nous annonce que selon des informations qui commencent à tourner en boucle sur les chaînes d'information, une fusillade vient de se produire dans un immeuble du XIe arrondissement de Paris. Nous ne sommes pas encore saisis par l'état-major de la Police judiciaire du 36, quai des Orfèvres qui, en temps habituel, nous alerte et nous demande de rejoindre le service saisi de l'enquête.

Au fil des minutes, le nombre de victimes s'accroît selon des sources toujours plus ou moins confuses. Nous ne sommes toujours pas saisis. Il est bientôt midi, je sens que nous entrons dans une phase critique. Soit l'état-major de la PJ ne pense pas encore à nous, soit il attend des infos plus fiables avant de déclencher les hostilités.

À midi, comme partout, c'est l'heure sacrée de la pause. Si nous laissons partir les effectifs et que nous avons besoin de renforts en urgence nous aurons le plus grand mal à les remobiliser. Nous décidons donc de bloquer les équipes qui ne sont pas de permanence. « Les nouvelles sont mauvaises d'où qu'elles viennent », comme le dit Stéphane Eicher dans sa chanson, et nous prenons attache avec l'état-major PJ qui nous confirme une tuerie dans les locaux du journal satirique *Charlie Hebdo*.

Nous envoyons l'équipe de permanence. Traditionnellement, cette équipe est composée d'un photographe, d'un dessinateur et d'un dactylotechnicien[2] chargé des recherches de traces papillaires et des prélèvements.

On parle maintenant d'une dizaine de victimes avec plusieurs lieux de scènes de crime. Un policier serait mort. La seule équipe de permanence ne suffira pas et nous faisons équiper les camions avec plus de matériel. Durant ce temps, nous sensibilisons et mettons en alerte nos antennes de Bobigny, Créteil et Nanterre.

La mort annoncée d'un policier ne devrait pas changer notre comportement, pourtant c'est toujours le cas. Automatiquement, l'esprit de corps ressurgit et nous sentons une force intérieure qui nous pousse à être encore meilleurs.

Nous ne savons pas ce qu'il s'est passé. On annonce maintenant des terroristes ayant fait usage d'armes de guerre en criant « Allahou Akbar ! ». Cette affaire dérape. Nous sommes dans un état de sidération où tout nous traverse l'esprit. Nous imaginons le pire du pire. Je sens en moi une montée d'adrénaline comme je n'en ai jamais ressenti. Dès lors, je sais que nous sommes engagés dans quelque chose d'inconnu.

Nous activons également toutes les sections qui vont avoir du travail immédiatement, notamment la section de la vidéo et des traces technologiques[3], puis celle du fichier des empreintes digitales.

2. Spécialiste des recherches de traces papillaires et du relevé des empreintes digitales.

3. Section s'occupant de la téléphonie, de la vidéo, des images et du son.

Nous demandons au bureau de commandement d'ouvrir une main courante dédiée, sorte de chrono spécifique sur lequel sera consigné le déroulé exact des faits. Sur le moment, la concentration fait qu'on se souvient de tout mais les jours passants, on oublie des détails : les horaires, le nom des intervenants, de qui a travaillé sur quoi. Par expérience, je sais que, plus tard, certains ne manqueront pas de nous le demander.

Déplacement sur les lieux

Marion F., Jean-François P. et moi-même nous rendons sur les lieux avec le petit camion. La circulation est difficile aux abords du boulevard Richard-Lenoir, beaucoup de barrages filtrants désorientent les Parisiens. Nous stationnons notre véhicule sur ledit boulevard à l'angle de la rue Nicolas-Appert, et nous finissons à pied. La journaliste Maryse Burgot profite de notre présence pour illustrer son propos en faisant des images de nous descendant de notre véhicule frappé du sigle de l'identité judiciaire. Elle va faire l'ouverture du journal de 13 heures.

C'est un bazar sans nom. Dans la rue Appert, le périmètre de sécurité semble avoir été ignoré par le bon sens commun. Une forêt de caméras, des véhicules de secours dans tous les sens, et le chef de l'État qui donne une première conférence de presse au milieu de la rue !

Au détriment des consignes de base de sécurité, chacun s'active dans son domaine. Éviter le « surattentat » n'est assurément pas encore la priorité des visiteurs. Jeannette Bougrab, compagne du rédacteur en chef de *Charlie Hebdo*, Charb, est arrivée sur les lieux parmi les premières. Elle est en pleurs devant l'entrée du n° 10 de la rue Nicolas-Appert, le siège du journal.

2. Une scène de massacre

Un collègue en tenue et en arme s'assure que personne n'entre plus dans l'immeuble. Après nous avoir identifiés grâce à nos cartes et nos tenues, il nous laisse passer. Nous pénétrons dans ce bâtiment sans charme en nous faufilant sous un morceau de Rubalise qui condamne timidement l'entrée.

Nous découvrons tout de suite au rez-de-chaussée, sur notre gauche, la première scène d'exécution. Un technicien de maintenance de la société Sodexo, Frédéric B., a été abattu d'une balle de kalachnikov. Il y a du sang partout.

Nous progressons vers l'escalier. Plus on monte les marches, plus on trouve de traces de semelles rougies qui s'orientent dans tous les sens. Les pas des auteurs sont-ils mêlés à ceux des sauveteurs ? Cette première pensée décalée me traverse l'esprit. J'essaye déjà de me projeter sur d'éventuelles traces utiles à l'enquête. En fait, je cherche à me fixer un objectif technique, à m'insérer dans ce barnum surréaliste. Je pense pouvoir me réfugier derrière un certain savoir-faire, trouver un filtre protecteur.

Avant d'arriver à l'étage de *Charlie Hebdo*, nous comprenons aux commentaires des personnes que nous croisons et qui redescendent que la scène est terrible. Notre expérience en matière de crime, cette carapace gagnée au fil du temps, sera-t-elle assez épaisse pour nous épargner émotionnellement les uns et les autres ?

Techniquement, ce sont souvent les mêmes difficultés que nous rencontrons quand nous arrivons en second rideau. Les premiers secours sont déjà passés et la préservation des traces et des indices est bien loin de leur préoccupation première. Ils ne pensent qu'à sauver des vies, quand nous-mêmes ne pensons qu'à ne toucher à rien. Nous le savons, nous le comprenons. Il faut faire avec.

Le premier étage a été vidé de ses occupants. Nous continuons à escalader les marches en suivant le chemin balisé de raisiné[1]. Cette montée est interminable, accompagnée d'un mélange d'impatience et de crainte.

Nous y voilà.

Le second étage nous promet la scène de crime la plus dure que nous ayons eu à traiter jusqu'ici. Nous posons nos affaires dans les locaux de la société de production Premières Lignes dont les bureaux sont situés sur la gauche, sur le même palier.

Avant de commencer nos investigations techniques proprement dites, nous devons aller voir, nous rendre compte, nous imprégner de la scène. Il nous faut passer ce cap de voyeurs, il faut que nous comprenions *a minima* pour agir. Les précurseurs de la brigade criminelle sont déjà là et nous accueillent avec une mine qui dit tout de ce qui nous attend. Nous enfilons nos tenues blanches de protection, nos gants, nos masques et nos surchaussures.

Quand j'entre dans les locaux de *Charlie Hebdo*, c'est immédiatement une impression de grand désordre qui domine. L'univers est très commun à ce que sont des milliers d'autres bureaux de travail et salles de réunions. Mais ici, tout est sens dessus dessous. Les murs servent

1. Sang.

de cimaises pour les dessins des unes du journal, des croquis ou encore des notes de travail. Des cartons à dessins sont posés contre les cloisons. Les poubelles sont renversées, des couvertures de survie de premiers secours traînent au sol.

Puis l'odeur métallique du sang coagulé me prend à la gorge. Je connais parfaitement cette odeur caractéristique, mais ici elle est particulièrement forte et âcre. Elle atteste la présence d'une très grande quantité de fluide corporel maculant le sol, les murs et même le plafond. Nous devons enjamber les flaques de sang qui commencent à passer du rouge au brun. C'est une vision d'horreur. Je sais que je vais garder cette odeur en mémoire durant plusieurs jours, comme cela m'est déjà arrivé à plusieurs reprises. La mémoire olfactive, pour certains, est aussi puissante que les images qui reviennent dans les rêves.

Dix corps sont allongés au sol dans environ trente mètres carrés, sur le dos, sur le ventre, quelquefois entremêlés. Les tables et les chaises ont été jetées sur le pourtour de la salle pour laisser la place aux sauveteurs. Certaines victimes ont des habits découpés, toutes sont souillées de rouge. Des traces d'intervention des premiers secours laissent à penser qu'on a tenté de pratiquer des soins sur ceux qu'on pensait pouvoir encore sauver. Des cathéters, leurs enveloppes stériles, des compresses imbibées d'un mélange de sang et de produit désinfectant, des gants en plastique de chirurgiens traînent partout.

La configuration initiale de la scène de crime a changé. C'est normal, c'est souvent comme cela après le passage des sauveteurs.

Normalement, nous connaissons la plupart des victimes pour leur grande notoriété publique. Pour ma part, j'essaye de les reconnaître mais je n'y arrive pas. Elles sont défigurées. Le seul que je pense pouvoir identifier est Bernard Maris dont je suis fan des chroniques économiques quand il passe à la télévision. Je ne me souviens que de l'image de son visage souriant et bonhomme. Je sais qu'il ne faut pas que nous entrions dans ce genre de considérations qui affecte toujours notre analyse et le travail à venir. Il faut remettre un filtre le plus rapidement possible, commencer à faire des photos, n'importe quoi qui nous occupera l'esprit utilement.

Les enquêteurs de la brigade criminelle, avant notre arrivée, se sont fait aider de personnes ayant échappé à la tuerie pour commencer à identifier les corps. Les enquêteurs ont listé les noms sur une feuille de papier, en attribuant à chacun un numéro.

Quand nous arrivons, chaque victime porte, posée sur elle, sa « fiche médicale de l'avant » et son collier en perles blanches laissés par les secours. D'un format A4, la fiche permet de renseigner, quand on peut le savoir, l'état-civil complet de la victime, la pathologie et le traitement appliqués, ainsi que le transport et la destination qu'elle suivra si elle doit être évacuée. Le coin en haut à gauche est un triangle de couleur jaune pour les urgences relatives, et le coin en haut à droite un triangle rouge pour les urgences absolues. Mais ici, personne ne sera évacué. Il est trop tard.

Toutes les victimes portent également au poignet gauche, un numéro SINUS[2] unique sous la forme d'un bracelet autocollant avec son code-barres. Ce protocole

2. Système d'information numérique standardisé.

permet l'identification, le dénombrement et le suivi des victimes. Il est apposé par les pompiers ou par la brigade criminelle.

Un grand coup au moral

Notre équipe de permanence de l'Identité judiciaire est constituée d'anciens, rôdés aux scènes les plus difficiles. Mais là, je sens bien que tout le monde a pris un coup au moral, et moi aussi. Nous ne savons pas comment commencer. Nous venons d'encaisser un sérieux uppercut. Notre mise en route va prendre énormément de temps.

Sur une scène de crime, notre protocole est plutôt simple : fixer les lieux en recherchant visuellement ou à l'aide de lumières les traces et les indices, poser les cavaliers[3] jaunes avec les lettres ou les numéros, faire les photographies du général au particulier, faire des films, établir le plan des lieux, puis faire les prélèvements biologiques, relever les empreintes digitales, enfin rien de très compliqué. Mais tout cela s'applique généralement à un ou deux corps, très exceptionnellement trois. Là, c'est tout autre chose.

De plus, nous réalisons depuis fort peu de temps une prise de vue panoramique des scènes de crime. Cela consiste à placer l'appareil photo sur un trépied, fixé sur une rotule mobile. Le tout est placé au milieu de la pièce. Le photographe prend six clichés, en utilisant le retardateur et en faisant pivoter manuellement l'appareil photo

3. Plots jaunes en matière plastique supportant des lettres ou des chiffres pour identifier les traces et indices.

après chaque déclenchement. Plus tard, au service, un logiciel spécifique associe les clichés donnant une seule image à 360°, comme celles qu'on peut trouver dans un jeu vidéo. On zoome, on réduit, on oriente du sol au plafond ; les enquêteurs en sont friands en tant qu'aide pour rédiger leurs procès-verbaux de constatations.

Ici, il le faut faire dans chaque pièce. Cela demande du temps, du calme et de la sérénité. Tout ce que nous n'avons pas.

Les visiteurs du soir

Nous avons dix cadavres dans trente mètres carrés, et un va-et-vient quasi incessant de visiteurs qui s'invitent sur la scène de crime dans les premières heures.

Selon la formule d'un collègue : on ne peut pas passer les pinces[4] au président s'il désire venir voir. Le président ne viendra pas mais les visites s'enchaînent. Entre autres, celles des autorités de la Préfecture de Police, différents directeurs.

Il n'y a pas de réelle plus-value à leur venue sur les lieux. Le ballet bien réglé de nos protocoles peut en être perturbé, retardant le déroulement des opérations. De plus, le risque de pollution de la scène s'agrandit. Heureusement, nous avons maintenant des moyens sophistiqués pour effectuer des photographies et des vidéos de qualité. Cela devrait suffire.

Sans parler des équipements de protection que nous devons fournir, car ces visiteurs arrivent souvent démunis de tout.

4. Menottes.

Le seul qui est légitime sur une scène de crime est le Procureur de la République. C'est lui le réel directeur d'enquête, en l'occurrence François Molins. C'est de lui dont nous attendons des ordres clairs. Comme tout le monde, il est retourné par ce qu'il voit.

Chaque fois que des groupes viennent voir, nous devons interrompre notre travail, et sortir car l'espace est trop exigu.

Plus tard, Christiane Taubira, ministre de la Justice et garde des Sceaux, vient à son tour, comme Manuel Valls, le Premier ministre. Je dois dire qu'ils appréhendent ce qui les attend. Comme pour les autres, nous les équipons dans le sas d'entrée, en leur faisant les recommandations d'usage de ne toucher strictement à rien. Pour le coup, nous n'avons rien à craindre, ils respectent parfaitement ces consignes.

Après réflexion, nous sommes contents que le Premier ministre et la garde des Sceaux soient passés se rendre compte et nous soutenir. Leurs visages sont marqués à la sortie de cette vision d'horreur.

3. La distribution des rôles

Mon rôle de coordinateur en Police scientifique s'applique parfaitement à ces scènes multiples. Je suis identifié auprès des chefs de groupe de la brigade criminelle, et ensemble nous commençons à déployer les équipes sur les différentes zones d'intérêt.

Celle du rez-de-chaussée est traitée par des effectifs de notre antenne de Bobigny. Une autre équipe commence à poser ses cavaliers auprès des douilles qui jonchent l'allée verte. Nous décidons de faire sur les munitions des prélèvements d'odorologie. Nous avons déjà fait, par le passé, l'identification d'un tireur grâce à cette technique qui consiste à poser des cotons stériles sur les douilles pour capturer les molécules d'odeur laissées par lui. Ces cotons sont placés dans des bocaux stériles et envoyés à Écully pour être comparés à des odeurs de suspects quand nous en aurons. Ce sont des chiens spécialement dressés qui feront ces rapprochements. Nous savons que les traces papillaires et l'ADN sont très compliqués à retrouver sur d'aussi petites surfaces que des douilles. Aussi nous voulons assurer nos recherches en pratiquant, en plus, ce prélèvement de marqueur olfactif.

Une troisième équipe est déployée sur le boulevard Richard-Lenoir où le policier Ahmed Merabet a été tué par les auteurs dans leur fuite. Son corps a déjà été emmené.

Au total, six équipes de l'Identité judiciaire travaillent sur dix zones différentes entre 12 h 20 et 3 h du matin. Trente-quatre personnes de la Police scientifique sont engagées, et sûrement autant d'enquêteurs de la brigade criminelle que je n'ai pas comptés.

Je cours d'une scène à l'autre, m'informant des remontées d'informations importantes. J'essaye de m'assurer que les équipes ne manquent de rien, ni de personnel et de matériel, ni d'un peu de temps de repos.

C'est bien évidemment la scène dans la salle de rédaction qui est la plus pénible à gérer. Aude B., qui établit le plan, et Rodolphe R., le photographe, sont bouleversés. Ils s'en sortent pour le mieux. Je rends compte à Marion F. de l'avancée des investigations. Elle se tient au contact de la direction, des procéduriers et du parquet dans les locaux de « première ligne ». Son ancienne vie à la SDAT[1] et son expérience du terrorisme vont s'avérer, plus tard, des atouts pour l'enquête.

Ce rôle primordial de coordinateur consiste à faciliter le travail des équipes techniques sur le terrain (Police scientifique ou enquêteurs), de répondre immédiatement à toutes leurs demandes, à leurs interrogations, et de les décharger de toutes contraintes matérielles ou d'intendance qui pourraient contrarier leur entrain au travail.

Au meilleur de sa forme, un coordinateur doit pouvoir répondre à toute sollicitation dans la seconde, au pire on lui laissera une ou deux minutes pour trouver une solution efficace.

Pour communiquer, les équipes sont dotées des radios sécurisées du système ACROPOL[2]. Elles doivent

1. Sous-Direction anti-terroriste.
2. Automatisation des communications radiotéléphoniques opérationnelles de la Police nationale, système installé dans tous les services depuis 1994.

impérativement être utilisées. Les communications numériques sont chiffrées et totalement fiables. Malgré tout, sur le terrain, certains continuent à se servir des téléphones personnels ou de service. On connaît les numéros des copains, ce qui facilite les échanges d'informations. C'est plus rapide, mais dans les affaires sensibles, il y a de réels risques. Tout d'abord, celui que le réseau des opérateurs soit brouillé et ne fonctionne pas et, bien sûr, le danger que des communications soient détournées ou écoutées par des personnes malveillantes. Cela reste compliqué à faire, mais il existe des systèmes d'écoute des communications téléphoniques, certes coûteux et confidentiels, du type IMSI-Catchers qui peuvent être utilisés par des officines privées.

Ce sont d'ailleurs ces réseaux de communication qui sont l'objet de l'attention première des enquêteurs une bonne partie de l'après-midi. Des films ont été pris par des journalistes réfugiés sur les toits, durant le départ des assaillants et au cours de la fusillade qu'ils ont déclenchée pour protéger leur fuite.

Mais un film surtout va choquer la France entière, celui fait par un habitant du boulevard Richard-Lenoir depuis son appartement et posté sur son compte Facebook. Les images insoutenables montrent l'exécution du gardien de la paix Ahmed Merabet.

Nous sommes dans les locaux de la société de production Premières Lignes et des téléviseurs accrochés aux murs sont allumés. Les chaînes d'infos sont en boucle. Nous voyons cette vidéo qui circule sur les écrans, sans respect pour la famille de la victime. Durant toute la journée, nous qui sommes sur place entendons tout et son contraire sur l'avancée des opérations.

Les vidéos permettent aux enquêteurs qui ont ouvert la traque de recueillir des informations intéressantes sur la voiture des tueurs, son type, son modèle, sa couleur, et d'essayer de suivre sa progression grâce aux images du plan de vidéoprotection de la Préfecture de Police. Dans leur fuite, les fuyards encastrent leur Citroën C3 noire sur un plot, rue de Meaux, dans le XIXe arrondissement, avant de l'abandonner et de voler une Clio sous la contrainte. Leur trace sera perdue porte de Pantin.

Cette Citroën abandonnée n'est pas inscrite au fichier des voitures volées. Dans l'habitacle, une carte d'identité est retrouvée. Tout de suite, une équipe de la PTS est envoyée sur place avec un groupe d'enquêteurs de la Crime. Un nouveau front s'ouvre.

J'ai par la suite entendu de la part de plusieurs personnes cette réflexion : « C'est bizarre, tout de même, retrouver comme ça une carte d'identité aussi facilement… C'est louche. »

Non, il n'y a rien de louche dans les attentats terroristes. Les auteurs ne cherchent jamais à masquer leur identité. Bien au contraire, ils aiment la publicité et veulent s'afficher comme ceux qui ont réussi leur mission. Dans presque tous les cas de figure, dans les premières heures, on les identifie facilement, on connaît leur mobile, on connaît les moyens qu'ils utilisent, il n'y a pas de mystère.

Ils ont aussi abandonné dans le véhicule un blouson et une bouteille d'eau, et laissé des empreintes biologiques qui permettent leur identification formelle.

Bien évidemment, le mot d'ordre est donné de les interpeller le plus rapidement possible. C'est pour cela que, sur une scène de crime, le temps passé à exploiter des traces et des indices est très précieux. Il doit être optimisé au maximum, donc les protocoles doivent être rodés.

Nous évacuons au fur et à mesure les objets à analyser en direction des laboratoires concernés. Plus particulièrement vers le labo de biologie chargé d'examiner l'ADN et vers notre section dactylotechnie chargée d'analyser, par des moyens physico-chimiques, les objets prélevés, sur lesquels nous espérons faire apparaître des traces papillaires. Quand elles sont révélées, ces traces sont insérées au fichier automatisé des empreintes digitales pour comparaison. Des équipes de motards viennent chercher les scellés constitués directement sur place.

Sur les scènes de crime majeures, il n'y a pas de place pour l'improvisation. Notre section vidéo est aussi présente. Elle est chargée de faire les films des lieux et des cheminements empruntés par les assassins.

Au cours de la journée, nous devons faire appel à un technicien spécialisé pour venir extraire les images de surveillance des locaux de *Charlie* car nous n'y arrivons pas et personne ne sait le faire. Les enquêteurs veulent voir les images de l'entrée des tueurs dans le journal. Elles sont muettes mais terribles. Les assassins sont déterminés, ils forcent la dessinatrice Coco à composer le code de sécurité de la porte d'entrée. Ils la poussent à l'intérieur et utilisent leurs armes dès leur arrivée dans la petite entrée du journal. Ils tirent sur le webmaster assis derrière son bureau. Il s'écroule, grièvement blessé, mais s'en sortira. On voit de la fumée sortir des armes.

La scène de la tuerie dans la salle de rédaction n'est pas filmée. Mais seulement moins de deux minutes sont suffisantes pour assassiner dix personnes au coup par coup. Une vingtaine de douilles sont retrouvées dans la rédaction et une douzaine à l'extérieur. Les corps, pour certains, sont atteints de plusieurs ogives. C'est le rédacteur en chef Stéphane Charbonnier, dit Charb, que les assassins ciblent en premier. Ils l'abattent de sept tirs de kalachnikov. Il était pourtant sous protection policière, mais le fonctionnaire présent, chargé de faire face à l'attaque, ne peut pas réagir assez efficacement. Franck Brinsolaro tombe parmi les premières victimes. Nous retrouvons son arme.

C'est l'hiver, la nuit tombe de bonne heure et nous n'avons encore évacué aucun corps. Il faut pourtant penser à saisir les services de l'Institut médico-légal. Travailler dans un aussi petit espace et avec autant de morts autour de nous entraîne une pression psychologique immense. On passe notre temps à enjamber les cadavres. Le premier à partir sera Frédéric B. qui se trouve au rez-de-chaussée. Par la suite, je ne me souviens plus de l'ordre exact d'évacuation des corps, mais ils partent par trois ou quatre dans le même convoi. Ils sont réceptionnés à l'IML[3], quai de la Rapée, où les autopsies doivent avoir lieu le lendemain.

Il est autour de 22 h 30, nous n'avons rien mangé depuis le matin. Nous sommes épuisés. Certains d'entre nous ne se sentent pas très bien. Les services de la DOSTL[4] de la Préfecture nous font livrer une soixantaine de plateaux-repas « vite chaud » pour nous et la brigade criminelle, et autant de bouteilles d'eau.

Notre chef, en voyant les informations, est revenu par le train depuis La Rochelle. Il arrive dans la soirée dans les locaux de la rue Appert.

3. Institut médico-légal.
4. Direction opérationnelle des services techniques et logistiques.

Pierre C., commissaire de police à la Brigade criminelle, est toujours présent. Le dispositif s'est allégé. Il est tard. L'état-major nous annonce la visite de Bernard Cazeneuve, le ministre de l'Intérieur. Le commissaire descend dans la rue à sa rencontre puis remonte seul. Le ministre s'est enquis du déroulement de la journée et de notre moral, l'a remercié pour tout le travail accompli et l'a chargé de nous transmettre tout son soutien. Il a décidé de ne pas monter à l'étage pour ne pas compliquer, encore un peu plus, la situation. Parmi tous les ministres de l'Intérieur que j'ai connus, Bernard Cazeneuve est un des plus justes et des plus humains.

Une des deux équipes de nuit vient nous voir et propose son aide mais le plus gros du travail est accompli. La pression redescend. Sans autre mission en cours, ils se proposent de rester. Mais ils devront repartir : un joggeur s'est fait agresser à l'arme de poing à Fontenay-aux-Roses.

Ceci est un autre aspect important du métier. L'esprit de corporatisme, de fraternité dans les moments les plus difficiles. Le soutien moral des copains fait toujours du bien.

Nous pensons alors que nous venons de vivre la journée la plus éprouvante de notre carrière professionnelle, qu'il est impossible de rencontrer pire. Nous devons encore mettre au propre, dans les jours qui viennent, toute la paperasserie qui accompagne nos actes sur le terrain. Nous prendrons plus de deux mille photos, uniquement lors de cette journée !

4. L'empreinte psychologique

Nous allons devoir vivre avec ce que nous venons de voir. Les psychologues, lors de notre formation à l'identification des victimes, nous expliquent qu'une mort n'efface jamais la précédente mais qu'elles s'additionnent. Nous classons ces images dans notre « mémoire-bibliothèque », comme quand nous partons en voyage et que nous devons bien ranger nos affaires dans une valise.

Pour une même taille de bagage, l'un d'entre nous pourra mettre deux pantalons, trois pulls, dix paires de chaussettes et dix caleçons et sa valise sera pleine. Un autre va pouvoir y ranger sans difficulté deux ou trois fois plus d'affaires, dix pantalons, treize chemisiers, des pulls, débardeurs, sous-vêtements, et même un manteau. Sa valise fermera toujours sans problème. Enfin, la dernière personne, dès qu'elle aura mis un ou deux vêtements ne pourra plus refermer son bagage. C'est à ce moment-là qu'il devient problématique, voire dangereux, de vouloir continuer à exercer un métier en contact avec la mort.

On ne sait jamais quand notre valise-mémoire est pleine. Il peut y avoir des signes de dépression, de prostration, des comportements douteux ou des paroles déplacées ; cela doit attirer l'attention et la réaction de l'entourage. Le groupe doit être en permanence à l'écoute de chacun.

Nous partons très tard dans la nuit et rangeons le camion dans notre cour du 3, quai de l'Horloge. L'île de la Cité est déserte. Il faut aller se reposer. Je ressens comme une chape de plomb tombée sur la ville. Je roule en scooter depuis trente ans, et je ne me souviens plus du trajet que j'ai effectué ce soir-là jusqu'à mon domicile.

Je prends une douche qui ne me lave de rien, ni de l'odeur ni d'une forme de colère inexpliquée qui monte en moi. Tout ce déchaînement de haine et de barbarie juste pour des caricatures parues dans un journal ! Je dors mal.

Je reviens de bonne heure au boulot, comme je le fais d'habitude. J'aime croiser les équipes qui partent et voir celles qui arrivent. Une habitude des petits vieux du B2.

Ces moments de passation de consignes sont propices aux échanges vertueux. La machine à café, au fond du couloir, à côté de la tour Bonbec, est celle qui a entendu le plus d'histoires délirantes. Aujourd'hui tout tourne autour de l'affaire *Charlie Hebdo*.

À cette heure matinale, nous ne le savons pas encore, notre semaine est bien loin d'être terminée. Un troisième terroriste, Amedy Coulibaly, lié aux frères Kouachi, vient de passer à l'action en tuant une policière municipale de Montrouge, Clarissa Jean-Philippe, d'une balle de kalachnikov dans le dos.

Aucun rapprochement n'est encore effectué entre eux, ni même avec les faits de la nuit. Pourtant, c'est sûrement lui qui a agressé le joggeur à Fontenay-aux-Roses en testant une arme de poing remilitarisée. Les douilles retrouvées sur place correspondent à la signature d'un Tokarev TT33.

Tout recommence à zéro.

Les autopsies des victimes de *Charlie Hebdo* ont commencé. Elles prendront toute la journée. Le matin ont lieu les imageries post-mortem (radios) et l'après-midi débutent les autopsies médico-légales. Elles se poursuivent jusqu'au samedi soir, tard.

En temps normal, un photographe de permanence est désigné pour se rendre à l'IML durant la semaine. Un tour est établi et chacun connaît son emploi du temps à l'avance. Quand un crime a lieu, ce photographe est avisé et doit aller assister l'officier de Police judiciaire et le médecin légiste aux dates et heures indiquées.

À l'IML, au fur et à mesure qu'ont lieu les actes techniques du praticien, le fonctionnaire de l'Identité judiciaire photographie les différentes étapes de l'examen et fixe sur la pellicule tout ce que lui demande le légiste. Ces images complètent celles prises sur la scène de crime.

Le tout est relié sous forme d'album photographique papier. Un format numérique est également gravé sur un CD-ROM. L'ensemble, composé de l'album photos de la scène de crime initiale et de celui de l'autopsie, est transmis dans les meilleurs délais au service enquêteur.

Le procédurier joint à sa procédure tous les actes techniques qu'il reçoit de la Police scientifique, pour qu'au final le procureur de la République en soit destinataire. En France la procédure judiciaire est écrite et tous les actes, toutes les étapes sont minutieusement détaillés et consignés sur des procès-verbaux.

Pour *Charlie*, le photographe de permanence ne suffit pas. Il faut lui chercher des renforts pour lui prêter main-forte à l'institut médico-légal, alors que la scène de crime de Montrouge est en cours. C'est le commandant fonctionnel Patrice L. qui se rend sur place pour faciliter le travail de notre antenne de Nanterre dont il est aussi le supérieur direct, avec celles de Créteil et de Bobigny.

Deux équipes sont à l'œuvre. La première avenue Pierre-Brossolette à Montrouge, lieu de l'assassinat de Clarissa Jean-Philippe, et la seconde à Arcueil où le véhicule abandonné par l'auteur est découvert. Les dix fonctionnaires engagés finiront leurs constatations à 16 heures. Deux portraits-robots de l'auteur vont être réalisés.

Le portrait-robot de Coulibaly

Cette technique peut être un complément utile à l'enquête, mais en règle générale, elle n'est pas souvent probante et les enquêteurs se méfient de ces images reconstituées par ordinateur. Plusieurs « facteurs de complication » s'entrechoquent. Tout d'abord, l'opérateur qui utilise ce logiciel doit parfaitement bien le maîtriser. Ensuite, les conditions d'accueil des victimes ou des témoins, ainsi que la façon de leur poser les questions sur ce qu'ils ont vu ne doivent ni les bloquer ni les laisser inventer autre chose que la réalité des faits.

Pour un même fait, un enfant ne décrira pas la même chose qu'une personne âgée. Dans le langage du premier, un homme d'une trentaine d'années sera une personne « vieille » alors que pour la personne âgée, un trentenaire sera une toute jeune personne.

Bref, un portrait-robot provoque souvent la suspicion au sein même des groupes d'enquête. De plus, dès qu'un portrait-robot est diffusé auprès du grand public, cela donne lieu à de nombreux appels qu'il faut vérifier. La somme de travail et d'énergie pousse à dire que le jeu n'en vaut pas toujours la chandelle. En revanche, aujourd'hui, le portrait-robot génétique se développe et peut donner des indications fiables quant à la couleur des cheveux, des yeux ou de la peau, avec un simple prélèvement d'ADN effectué sur une scène d'infraction. Le laboratoire de Police scientifique de Lyon est précurseur dans cette technique. Toujours dans le domaine génétique, d'autres recherches sont en cours. Les enquêteurs pourront bientôt connaître, s'ils trouvent du sang sur une scène, l'âge de l'auteur lorsqu'il a commis son crime.

Le dernier portrait-robot « imagé » qui entraîna une avancée majeure dans une enquête de la PJ parisienne est celui de la jeune femme qui servit d'appât dans l'affaire Ilan Halimi, aussi appelée l'affaire du gang des barbares, en janvier 2006. Elle fut formellement reconnue par une de ses amies et vint se constituer prisonnière pour raconter son histoire. En revanche, le portrait-robot de l'affaire Guy Georges ne donna rien, comme durant des décennies celui « du grêlé », cet ancien gendarme devenu policier, tueur en série, et qui se suicida après avoir reçu une convocation pour un test ADN.

Suite à l'établissement des deux portraits-robots de l'auteur de la fusillade de Montrouge, une tournure inattendue prend forme. Le visage de notre patronne, qui consulte le document, change soudain d'expression. Elle pense le reconnaître comme étant un individu déjà impliqué dans des affaires à la SDAT, le service d'où elle vient. Elle cherche dans un reliquat de dossiers et nous comparons une photo de Coulibaly avec le portrait-robot : c'est saisissant !

Mais entre « penser » et « être sûr » de le reconnaître, dans une affaire comme celle-là, il ne reste pas beaucoup de place pour l'interprétation.

Nous sommes certains que l'information doit remonter au plus tôt à la direction et nous encourageons la jeune commissaire à le faire. Elle pense légitimement que si ce n'est pas lui, elle peut engager toute la meute des enquêteurs sur une fausse piste. Elle est seule face à une très lourde décision.

Par chance, l'auteur de la fusillade a laissé tomber sur la scène de crime une cagoule qui est amenée en urgence au laboratoire pour une recherche d'ADN. Notre cheffe communique courageusement ses soupçons aux enquêteurs qui ne doutent aucunement du bien-fondé de son sentiment. Ils orientent immédiatement leurs recherches en ce sens. Ils comparent positivement ces informations décisives et les résultats d'analyse de la cagoule. Amedy Coulibaly est formellement identifié comme étant l'auteur de la fusillade mortelle. L'enquête avance très vite, mais l'auteur est toujours en fuite.

Toutefois, les services d'enquête co-saisis, pour une raison qui leur est propre, ne communiquent ni le portrait-robot ni la photo de Coulibaly aux médias. On le leur reprochera par la suite.

Au service, nous ne chômons pas. Les « suites d'affaires » en liaison avec *Charlie Hebdo* arrivent en flot continu. Nous devons trouver encore et toujours plus de personnel pour d'autres sorties sur l'enquête en cours. Il faut terminer les analyses sur les véhicules qui ont été conduits à la fourrière du garage nord et assister les enquêteurs dans les perquisitions des domiciles qu'ils identifient. Presque chaque heure des jours qui suivent apporte de nouvelles découvertes. Pourtant, le service de la brigade criminelle reste très discret sur l'avancée de son enquête. Il nous sollicite toujours au dernier moment. Nous ne pouvons pas faire autrement que de trouver et lui fournir les spécialistes demandés. Nous ne pouvons rien anticiper.

Les chefs de groupe et les OPJ de la Crime me connaissent mais, même à moi, ils hésitent à donner trop de renseignements. D'un côté, je comprends ce cloisonnement, et de l'autre, je comprends aussi que notre service est cantonné à l'aide technique à l'enquête. Ont-ils peur des fuites ? Sûrement. L'affaire est très sensible.

Seule notre patronne obtient les infos nécessaires à notre organisation en passant par son homologue, le numéro deux de la brigade criminelle. Lui aussi est un top chef ! Ces deux commissaires brillants et de la même génération sont des chevilles ouvrières majeures au 36 durant toute cette période troublée. Tous ceux qui travaillent à leur contact ont le même avis.

Dès le début, en ce qui concerne l'Identité judiciaire, il nous a manqué une seule chose : l'appui et la présence d'Écully[1].

La brigade criminelle prend la main sur ces affaires. Elle dispose de six groupes d'enquête en droit commun et trois groupes en antiterrorisme. Bien sûr, elle est en co-saisine avec la SDAT, mais ce service travaille plus spécifiquement sur les ramifications extérieures et les réseaux périphériques qu'entretiennent les terroristes identifiés.

Sur le terrain, dans la gestion des scènes de crime, nous n'avons affaire qu'aux officiers de la brigade criminelle. La BC[2] est un service parisien qui dépend avant tout de la Préfecture de Police, la SDAT, un service à compétence nationale directement rattaché au ministère de l'Intérieur. Comme je le dis souvent en plaisantant, il y a Paris et le reste du monde…

1. Le Service national de Police scientifique (SNPS).
2. Brigade criminelle.

Fin de cavale

Coulibaly est identifié dans l'affaire de Montrouge, mais aucun lien n'est fait avec celle du joggeur pris pour cible à Fontenay-aux-Roses la veille. Aucun lien n'est fait non plus, entre Coulibaly et l'explosion d'un véhicule Kangoo détruit en partie à l'aide d'explosifs, à Villejuif, dans la nuit du jeudi au vendredi. Pourtant, il s'entraîne sûrement et teste son matériel.

Le vendredi 9 janvier marque la fin de la cavale des trois terroristes. Au terme d'une fuite de plus de cinquante heures au cours de laquelle ils volent plusieurs véhicules en s'assurant que les propriétaires les reconnaissent bien, les deux frères sont pris en compte par le GIGN[3] dans une imprimerie de Dammartin-en-Goële. À 16 h 50, ils sortent de l'imprimerie et, dans un dernier baroud d'honneur, se lancent à l'assaut des gendarmes. Ils sont neutralisés.

Dans le même temps, à 17 h 10, Le Raid et la BRI lancent l'assaut contre le magasin Hyper Cacher de la porte de Vincennes, à Paris. Coulibaly s'y est réfugié. Il a tué quatre personnes. Lui aussi se lance vers les forces de police quand le rideau métallique s'ouvre. Il est mis hors d'état de nuire, selon la fameuse expression policière. Son corps n'est plus qu'un pantin désarticulé, tellement il a été criblé de balles.

En ce qui concerne l'identité judiciaire parisienne, nous n'avons à nous occuper que de la scène de l'Hyper Cacher. Dammartin-en-Goële n'est pas sur notre zone de compétence. Je suis soulagé. C'est le troisième jour consécutif que nous faisons face à ces actes terroristes. L'ambiance est tendue au service depuis 14 heures.

3. Groupe d'intervention de la Gendarmerie nationale.

5. Retour sur l'Hyper Cacher

Coulibaly entre à l'Hyper Cacher à 13 h 05. Vers 13 h 30, une otage appelle la police qui tente de négocier avec lui. Une vingtaine de personnes sont réfugiées dans les sous-sols du magasin, quatre autres sont mortes au niveau des chariots placés à l'entrée, aux caisses ou dans les rayonnages.

Dès lors, plusieurs options s'ouvrent à nous. Devons-nous, ou pas, envoyer une équipe sur place ? La problématique est la suivante : combien de temps va durer la prise d'otages, et par conséquent quelle sera l'heure de notre intervention ? Le débat est posé.

Beaucoup au service disent qu'il faut attendre, qu'il ne sert à rien d'y aller et de ne rien faire, d'autant que le périmètre de sécurité fixé par les services d'assaut est important.

J'ai toujours été partisan de réagir le plus vite possible. De toutes les façons, nous allions devoir nous y rendre. Pour moi, aller au contact des affaires, même en cours, permet de comprendre et de voir ce qui se passe. J'ai à l'esprit la confusion qui régnait à *Charlie Hebdo* quand nous sommes arrivés, et le temps perdu que nous avons passé à nous mettre en ordre de bataille. Je reprends mon rôle de coordinateur. Je propose de faire équiper les véhicules et commence à désigner des équipes.

J'avoue que j'insiste, et nous envoyons l'équipe de permanence. Bien sûr, elle ne peut pas s'approcher des lieux. Elle est cantonnée assez loin et, rapidement, les effectifs s'impatientent. Ils n'ont pas l'habitude de cela car lorsqu'ils interviennent, les lieux sont libres d'accès et leur sont exclusivement réservés, ainsi qu'aux enquêteurs.

J'ai eu tort.

Le protocole établi est clair. Dans le cas d'un coup dur, nous devons nous cantonner et nous organiser au service. Pour la Police scientifique, il n'y a pas d'urgence absolue. Dans le cas d'une prise d'otages comme celle-là, la priorité est donnée aux services spécialisés d'intervention, au déminage, aux chiens, aux secours. Nous ne pouvons pas intervenir avant.

Il ne sert à rien de se précipiter. Je retiens la leçon.

Une trop grande anticipation n'est pas nécessaire. En revanche, une seule personne de notre service, au contact des informations, aurait au moins été utile à l'état-major du 36. Mais nous n'avons pas ce genre de référent chez nous. Il reste tellement de choses à inventer.

Je dois reconnaître que les jeunes procéduriers, très sensibilisés à notre travail, associent désormais plus formellement la Police scientifique dès le début de leur enquêtes.

Les services français de Police criminelle ont été habitués comme cela, ils obtiennent toujours facilement le personnel scientifique, le matériel, le savoir-faire, les analyses. Mais la technologie nouvelle, l'avancée du savoir sur la preuve indiciale sont un métier spécifique.

Quelques grands chefs de groupe ou grands procéduriers de la brigade criminelle parisienne, dont Christian L. ou Thierry D., avaient évoqué avec nous cette possibilité que la PTS prenne un jour en charge toute cette partie technique et leur rende compte des conclusions juste à la fin.

Ainsi, les enquêteurs seraient délestés de choses qui ne sont pas de leur domaine de compétence ou qui les intéresse peu : gestion technique de la scène de crime, confection des scellés, transport et analyses.

Lors de ces séquences, du 7 au 9 janvier 2015, environ deux mille scellés sont confectionnés. La procédure transmise au parquet est de 20 000 feuillets soit quarante ramettes de papier.

Durant les premiers jours, je ne saurais dire combien d'appels je reçois des enquêteurs, en tant que coordinateur PTS, pour me demander où a été orienté tel scellé, quelle analyse doit être faite sur un autre, quel labo peut s'occuper d'un troisième.

Je regrette parfois de ne pas être né policier scientifique anglo-saxon. Eux, au moins, agissent de A à Z dans leur domaine de savoir-faire.

L'assaut à l'Hyper Cacher est donné à 17 h 05. Nous avons une équipe sur place qui attend depuis deux heures. Je ne dis rien mais je suis assez content que cet épisode soit réglé assez vite. J'ai pris une mauvaise décision en envoyant l'équipe de permanence trop tôt, mais, au final, on ne s'en tire pas trop mal. J'espérais bien que le Raid et la BRI n'attendent pas la nuit pour agir, afin que le preneur d'otage soit épuisé.

Nous sommes le 9 janvier et, à 17 heures, il fait déjà nuit porte de Vincennes. Ce n'est pas la raison pour laquelle l'assaut à lieu. Le président de la République François Hollande a demandé que les actions à Dammartin-en-Goële et à l'Hyper Cacher soient coordonnées. On sait maintenant que les frères Kouachi et Coulibaly étaient en contact. Ils devaient être stoppés.

Alors que l'assaut tire sur sa fin, nous nous rendons sur place avec mes deux patrons. Chacun est identifié par son blouson et son grade. Pour ma part, je porte en plus la chasuble jaune du coordinateur PTS.

Pour le coup, ce n'est plus la foire d'empoigne comme dans la petite rue de *Charlie Hebdo*. Il y a de la place partout, autour de l'Hyper Cacher. Je gare le camion sans difficulté à portée de la scène.

Il y a pourtant beaucoup de monde, mais ce ne sont plus que nos collègues du Raid et de la BRI qui sont toujours là, ainsi que les magistrats du parquet antiterroriste. Tout le monde est à l'extérieur. Des consignes strictes sont données pour que personne ne pénètre dans le magasin où des explosifs ont été découverts. Le déminage est toujours à l'œuvre et cherche les pièges qui auraient pu être posés par Coulibaly.

Les otages sont déjà partis, pris en charge par les premiers services de secours ou d'assistance psychologique. Ceux qui le peuvent sont conduits au 36 pour y être entendus par la Crime.

Le Raid et la BRI rangent leurs affaires dans le calme car, sur une intervention spéciale de cette importance, ils déploient beaucoup de matériel. Ils ont le sentiment du devoir accompli, et ils le peuvent. L'un d'eux est blessé à un pied. Il est assis sur les marches devant l'entrée du magasin. Le médecin du Raid, identifiable grâce à son calicot scratché dans le dos, ne semble pas inquiet du degré de cette blessure. Un chien policier effectue encore un tour aux abords. Le périmètre de sécurité est bien délimité et assez loin de la scène que nous allons devoir investir.

Toujours sur les marches, au milieu du va-et-vient général, se trouvent alignés des armes de poing, une kalachnikov, des bâtons de dynamite, et un grand couteau. Un chef de groupe du Raid, m'explique que ce sont des armes qui ont été trouvées dans le magasin, qu'elles ont été mises en sécurité, mais qu'il faudra rester prudent car il y a pas mal de désordre à l'intérieur et qu'on n'est jamais à l'abri d'une mauvaise rencontre.

Le terroriste, Amedy Coulibaly, petit, trapu, vêtu de noir et de gris comme un commando, gît dans son sang, devant le rideau d'entrée. Son gilet pare-balles n'a été d'aucune efficacité face à la puissance de feu des intervenants.

Nous devons immédiatement déployer sur lui notre tente blanche pour l'isoler des regards des curieux, et pratiquer ensuite, à l'abri, les prélèvements nécessaires.

Il y a sur le sol, devant la vitrine, des dizaines de douilles des forces d'assaut. Elles roulent sous l'effet du vent d'automne. Rien ne s'annonce simple dans cette mission.

Nous nous équipons de nos tenues blanches avant de pénétrer dans le magasin. Nous devons, comme chaque fois, essayer de comprendre la scène de crime. Seuls les coordinateurs IJ et BC entrent dans les lieux. Je m'y rends avec un collègue de la BC.

Dès l'entrée, une odeur de poudre prégnante me saute au nez. Les échanges nourris des tirs et l'utilisation par Coulibaly de ses armes dans cet espace confiné ont laissé leur empreinte olfactive âcre caractéristique.

Un premier corps se trouve coincé dans les chariots à l'entrée, un second derrière les caisses, et deux autres à travers les rayonnages. Il y a beaucoup de sang sur le sol.

Des paquets de pâtes, de sucre ou de farine, des bocaux de confiture ont explosé sous l'effet des balles qui les ont traversés lors des feux croisés. Le sol est jonché d'articles tombés des étagères.

En accord avec le coordinateur de la Crime, nous établissons plusieurs zones de travail à l'intérieur du magasin. La première au sous-sol où se trouvent les stocks et où plusieurs otages s'étaient réfugiés dans la chambre froide. Plusieurs zones dans le magasin au rez-de-chaussée. Enfin, une grande zone à l'extérieur, autour des vitrines.

Une dernière zone, un peu spéciale, sera consacrée à la tente où se trouve le corps de Coulibaly. Au total, quatre équipes sont constituées.

Les premiers à entrer en piste, comme d'habitude, sont les photographes. Ils doivent fixer les lieux. Leurs images sont celles que verront les magistrats instructeurs plus tard, et les jurés et parties civiles en cour d'assises. Ils matérialisent les corps, les traces et les indices avec les cavaliers sur lesquels se trouvent des lettres ou des chiffres, et font des clichés du général au particulier. Ce travail minutieux prend du temps.

Évidemment, en parallèle, le traitement de l'auteur des faits devient prioritaire. Immédiatement ses empreintes sont relevées ainsi que son ADN. Aurore G. et Mylène B. s'en chargent de manière magistrale. Elles sont rôdées depuis longtemps aux scènes de crime les plus dures. Notre service effectue, pour la première fois sur un corps sans vie, la technique de l'odorologie. Hamed, référent dans ce domaine, prend contact avec Écully qui valide en urgence l'opération. Cette technique peu connue, consiste à relever l'empreinte olfactive du terroriste en plaçant du coton spécialement tissé sous ses aisselles. Une fois les molécules d'odeur prisonnières dans le tissu, ce dernier est placé dans un bocal hermétique et stérile. Cette empreinte d'odeur pourra être comparée plus tard, au besoin, avec des objets que Coulibaly serait susceptible d'avoir tenus ou bien avec un véhicule qu'il aurait pu conduire. Cette empreinte d'odeur, à l'instar de l'empreinte digitale ou de l'ADN, est unique pour chacun d'entre nous. Ce sont des chiens spécialement dressés à l'exercice qui effectuent les rapprochements entre les empreintes d'odeur relevée sur des individus, comme ici, et les traces d'odeur relevées sur des objets (comme celles relevées sur les douilles de l'allée Verte à *Charlie Hebdo*).

Tous les prélèvements de traces et d'indices sont placés sous scellés, *in situ*, par le service enquêteur.

Lors d'une scène de crime, des dizaines, des centaines voire des milliers de scellés peuvent être constitués, comme lors de ces opérations complexes de janvier 2015. Mais tous ne sont pas forcément analysés. Il y a un choix à faire, par pertinence et selon l'avancée de l'enquête. Lorsque nous effectuons ces prélèvements, nous ne savons pas s'ils seront utiles ou non, nous ne connaissons pas toujours ce dont nous aurons besoin exactement. En revanche, il faut le faire tout de suite. Le lendemain, il sera trop tard, la scène sera modifiée, les traces effacées, les prélèvements biologiques devenus impossibles.

Un des adages qui doit toujours rester à l'esprit d'un enquêteur est celui d'Edmond Locard qui ouvre le premier laboratoire de Police scientifique du monde à Lyon, en 1910. Il dit que, sur une scène de crime, « le temps qui passe, c'est la vérité qui s'enfuit ». C'est parfaitement vrai.

La section vidéo est à l'œuvre et tourne des films des abords et de l'intérieur du bâtiment de l'Hyper Cacher.

Elle a plusieurs caméras. Il faut ensuite fixer chaque pièce, chaque zone avec l'appareil photo panoramique.

Une lieutenante de la brigade criminelle trouve le travail des photographes trop lent. Je la connais bien, nous sommes tous les deux issus du même département des Hauts-de-Seine. C'est un des meilleurs flics de terrain que j'aie côtoyé. Elle aussi est sur la brèche depuis tous ces jours passés et se demande ce qu'on attend pour commencer. Je lui dis que les photos sont en cours, mais bien sûr elle connaît sur le bout des doigts la procédure IJ. Elle gère depuis longtemps, et brillamment, des scènes de crime en tant que procédurière. Mais ce soir, elle est énervée, c'est comme ça, l'orage va passer. Rien de grave.

Le commissaire de police Christian D. commande la section antiterroriste de la brigade criminelle. Par la force des choses il est présent. C'est un homme brillant. Issu du corps des inspecteurs et ancien de la crime, concours de commissaire en poche, il y est revenu comme chef. C'est toujours satisfaisant d'avoir des cadres comme lui, bons professionnels de terrain, avec une grande légitimité. Au cours d'une carrière, on rencontre le plus souvent des leaders à la tête bien faite, certes, mais avec comme point de repère des protocoles un peu trop stricts et scolaires. Je veux dire par là que, pour mener des troupes dans des batailles très compliquées, il faut savoir les accompagner avec bon sens, tout en s'appuyant sur les éléments les plus expérimentés.

Plusieurs groupes d'enquêteurs trépignent en attendant que les images soient terminées pour entrer sur leur zone. Heureusement Thierry D. est là et joue le rôle de coordinateur pour la Crime, et aussi celui de modérateur des impatiences. Il est posé, rassurant, ultra-compétent, un modèle, le coordinateur parfait. Nous nous entendons bien.

Enfin, le top est donné, les différentes zones sont investies et une longue nuit commence.

En deux jours, depuis *Charlie Hebdo*, nous avons déjà appris qu'il faut surdimensionner les équipes qui travaillent à la photo. Ce sont elles qui sont les plus sollicitées dès le début des opérations techniques. Nous avons de la chance, nous sommes à Paris et avons, dans nos antennes des départements voisins, des collègues qui nous donnent la main. Toutefois, l'antenne de Créteil vient et repart sans rien faire. Un magasin qui jouxte l'Hyper Cacher, semble un temps intéresser les enquêteurs. Finalement, c'est une fausse piste et nous n'engageons aucune investigation dans ce lieu.

Le plus difficile pour un coordinateur c'est de faire repartir les effectifs de la scène quand on n'a plus besoin d'eux ou bien quand ils doivent être relevés. Ils veulent toujours rester, aider les copains, attendre même sans rien faire que l'opération soit terminée. Il faut les chasser et leur expliquer que demain ils seront peut-être encore utiles, et qu'il faut qu'ils soient en forme au train où s'enchaînent les affaires. On ne peut pas épuiser toutes les troupes en même temps, physiquement ou psychologiquement.

Personne n'est plus fort ni plus malin qu'un autre. Tout ce que nous voyons, que nous entendons, que nous touchons sur une scène de crime est comme une empreinte fixée à jamais dans notre mémoire. Il faut que ça reste une simple empreinte et que ça ne devienne pas une cicatrice.

Tout le monde est fatigué car tout le monde est impliqué depuis l'attaque de *Charlie*. Nous espérons vraiment que cette séquence tragique finisse ici.

Les heures qui suivent ne sont qu'un ballet de femmes et d'hommes en blanc, identité judiciaire et brigade criminelle mêlées, qui se croisent, échangent, entrent et sortent dans une concentration professionnelle totale. Cette chorégraphie parfaite est belle à observer.

Le terroriste gît au sol sous la tente. C'est lui qui a choisi sa fin. Malgré moi je pense à une chose : lui et les deux frères Kouachi morts, quelqu'un trouvera-t-il une explication finale à tout cela ? Pour cela, nous comptons sur les services qui agissent en co-saisine : la brigade criminelle de Paris, la SDAT et la DGSI.

Je passe d'une zone à l'autre, j'aide quand je le peux. Je suis petite main pour l'un, porteur de caméra pour l'autre, passeur de commande de pizzas pour l'ensemble. Dans la soirée, je réclame de la nourriture pour le groupe. Nous n'avons rien mangé depuis midi, il est presque vingt-trois heures. Christophe C., l'adjoint de la section photo, vient nous ravitailler avec une quinzaine de ces gourmandises italiennes qui disparaissent aussi vite qu'elles sont posées dans le camion. Certains affamés de la Crime s'invitent à notre festin, nous partageons volontiers.

Je ne connais que les pompiers de Paris pour assurer une intendance digne de ce nom à leurs troupes en action. Ils lui dédient une fourgonnette. On le comprend, un pompier qui fait face à la fournaise durant plusieurs heures doit pouvoir boire ou manger quand il en éprouve le besoin. J'ai souvent vu des fourgonnettes de pompiers qui faisaient envie. Mais les hommes du feu ne partagent pas. Ils font pour eux et c'est tout. Ils savent bien que s'ils ouvrent leur point d'eau, tout le monde va rappliquer dare-dare. Les gendarmes, militaires au même titre que les pompiers de Paris, sont également efficaces sur ce point.

En Police judiciaire nous ne savons pas le faire. Question intendance, tout est improvisé, mais le plus souvent rien n'est fait du tout. Le souci, c'est le budget. Qui va payer ? l'identité judiciaire n'a aucune caisse pour financer ce genre d'achats. Il n'existe pas de carte bleue attribuée au service, ni de monnaie quelconque pour acheter immédiatement sandwiches ou bouteilles d'eau, rien.

Christophe paye de sa poche, environ soixante-dix euros, et met des mois à se faire rembourser par la comptabilité en présentant ses tickets de caisse et en faisant rapport sur rapport.

Il n'existe pas de personnel utile à une enquête qui ne puisse assouvir ses besoins primaires tout en restant en état de se concentrer sur sa tâche fondamentale durant dix, douze heures ou plus.

Heureusement pour nous, ce soir, un bar-restaurant non loin de l'Hyper Cacher, garde ses portes ouvertes jusqu'à minuit et offre gracieusement de l'eau, du café et ses toilettes à ceux qui en ont besoin.

L'intendance est vraiment un problème. De plus, nous sommes un vendredi et tout se complique un peu plus. Je me dis que cela aussi devra faire l'objet d'un retour d'expérience en interne.

Le travail avance bien à l'intérieur du magasin. Toutes les équipes se connaissent et, finalement, rien n'est techniquement ni procéduralement compliqué, comme je l'avais craint au début.

Seule la zone en extérieur devant l'entrée est un problème mineur avec le vent qui fait rouler les douilles et les cavaliers jaunes en forme de pyramide. Nous regardons le photographe courir derrière les numéros qui glissent sur le sol, les replacer, puis courir à nouveau pour les retenir.

En fait, dans ce cas de figure, il n'y a pas beaucoup d'importance à fixer très précisément les munitions au sol. Tout d'abord parce qu'elles sont celles des forces d'assaut : par définition, les tireurs sont identifiés. Ensuite parce que l'événement est parfaitement connu concernant les agissements de l'auteur et la riposte qui s'en est suivie. Tout a été filmé.

Il ne s'agit pas ici, sur cette zone extérieure, d'une scène de crime. En revanche, à l'intérieur, tout est très important et doit être fixé précisément. Déterminer les moyens utilisés par l'auteur pour tuer ses victimes, connaître sa position, l'ordre de ses attaques en fonction des témoignages recueillis auprès des otages, voilà à quoi, entre autres choses, s'attachent les enquêteurs.

Le travail de photographie est complété par celui du dessinateur chargé d'établir un plan des lieux. C'est à l'Hyper Cacher qu'est dressé le plus beau des plans connus à l'Identité judiciaire de Paris. Il est dessiné par Steeve G. Un modèle de précision et de détails, bluffant.

Les enquêteurs disent parfois que ce n'est pas avec un plan qu'on résout une affaire. Peut-être, mais c'est toujours avec lui qu'on replace tous les éléments au millimètre lors d'une reconstitution. Le plan accompagne l'album photographique depuis Alphonse Bertillon, depuis les années 1900. Il est aujourd'hui établi à l'ordinateur, ce qui lui confère des possibilités immenses de lisibilité.

Les investigations se terminent vers 5 heures du matin. Nous sommes épuisés. J'ai toujours aimé l'ambiance du travail de nuit lorsque je faisais encore partie des équipes de permanence. Je me souviens plus particulièrement de la fin de la nuit et du lever du jour, quand Paris s'éveille. Quand nous rentrions d'enquêtes à la belle saison, nous croisions les livreurs matinaux, les fêtards attardés, ceux qui ouvraient les terrasses des cafés, une boulangerie au rideau à demi baissé mais à la porte entrouverte qui invitait à entrer. Enfin, nous croisions la vie qui reprenait pied pour un jour supplémentaire.

Ce matin, en rentrant au 36 avec le camion dans un Paris vidé de toute joie et de toute envie, nous avons l'impression d'avoir vécu une chute sans fin depuis trois jours.

Je missionne tout de même un de nos véhicules légers pour trouver une boulangerie sur le trajet. Aude s'en charge. Personne n'a envie de partir sur un échec total. Dans tous les cas de figure, il faut aussi savoir honorer les traditions.

6. Tout le monde à la maison

Sept heures du matin. Viennoiseries et café accompagnent notre tristesse et notre abattement. Les mines sont pâles.

Je rentre chez moi, je ne sais plus si j'ai envie de dormir ou pas. L'adrénaline retombe enfin et me laisse quelques heures de repos. Je me réveille en début d'après-midi. Un grignotage express, une douche et je reviens au service. J'y retrouve mes collègues de l'état-major, les commandants Francis et Patrice qui décident de mettre un terme à cette séquence épuisante des trois jours écoulés.

Il faut retrouver un rythme normal. Ils congédient *sine die* tous ceux qui n'ont rien à faire là. Ils ont raison. Je fais partie de la vague de ceux qui sont mis à la porte. Tant mieux.

C'est une impression bizarre que de vivre durant trois jours et deux nuits dans un espace-temps hors norme, dans un chaos séquentiel, un flottement inhabituel, une perte de maîtrise de notre actualité…

Les autopsies des victimes de cette semaine se terminent tard le samedi soir.

Tout le monde est Charlie à la République

La nuit de samedi à dimanche, je dors enfin. Ma femme et mon fils aîné veulent aller à la grande manifestation organisée place de la République. Je ne suis pas enthousiaste. Puis je me dis que je ne peux pas passer à côté d'un moment d'Histoire partagé. Je les accompagne. Nous nous y rendons en scooter.

Quand nous arrivons aux abords de la place, je croise Yann Moix qui en repart accompagné d'un ami. Je l'ai rencontré quelques mois auparavant au 36, quai des Orfèvres, après son prix Renaudot. Il était venu à l'Identité judiciaire, sur l'idée de Laurence Picq, journaliste au magazine *Liaisons* de la Préfecture de Police, qui voulait l'interviewer. Ils se connaissaient. Nous avions organisé entre lui et Pierre Lemaitre, prix Goncourt la même année, une confrontation amusante durant laquelle le prix Renaudot voulait supprimer physiquement le prix Goncourt[1]. Ils s'étaient tous les deux prêtés de bonne grâce à nos élucubrations scénaristiques. Un moment formidable de détente, de joie et d'humilité passé ensemble.

Nous échangeons quelques mots sur cette semaine tragique. Il est consterné par les événements comme le sont le million et demi de personnes qui participent à cette marche républicaine dans la capitale, contre le terrorisme et pour le soutien à la liberté d'expression. Cinquante dirigeants et hauts responsables de pays étrangers manifestent aux côtés du président de la République François Hollande. Ce jour-là, tout le monde est Charlie.

1. *Liaisons* : le magazine de la Préfecture de Police, n° 111. « Le fait divers à la loupe ».

Je suis content d'être là également. C'est un moment historiquement fort d'expression de la liberté et de notre démocratie.

Est-ce bientôt la fin ?

Dès le lundi 12 janvier je commence à mettre de l'ordre dans mon dossier de coordinateur sur ces affaires qui sont loin d'être terminées pour nous. D'autres sorties s'enchaînent concernant ce que nous appelons des « suites d'affaires ». Au total, nous sortirons encore dans les jours et les semaines qui suivront plus d'une centaine de fois, toujours en lien avec les 7, 8 et 9 janvier 2015.

Ce lundi est aussi le jour des autopsies des frères Kouachi et de Coulibaly. Les résultats chiffrés impressionnants sont une première pour notre service. L'affaire *Charlie Hebdo* porte le numéro 50, celle de l'Hyper Cacher le numéro 60. C'est-à-dire qu'elles sont depuis le début de l'année, la cinquantième et la soixantième dans l'ordre d'arrivée des affaires que nous traitons. Tout le monde, ou presque, à l'Identité judiciaire de Paris connaît ces deux références.

L'enquête progresse, la brigade criminelle nous sollicite presque quotidiennement pour l'accompagner et l'assister sur de nouvelles découvertes : des appartements loués par les auteurs, des perquisitions chez des proches, des photographies, des prélèvements, de la téléphonie, etc. Dans la journée du 11, un appartement loué par Coulibaly est découvert à Gentilly. Un arsenal y est entreposé : bâtons de dynamite, pistolets automatiques, argent, pièces d'identité et drapeaux de l'état islamique.

Quelques jours plus tard, la photo de cet arsenal sort dans la presse. Coup de fil de la direction qui s'étrangle et « tire au plafond ». Elle nous demande des comptes, pensant que la fuite vient de chez nous. Nous devons fournir les planches contact des clichés effectués durant la perquisition. L'équipe de nuit est intervenue de 22 heures à 3 heures du matin. Mais la fuite ne vient pas de chez nous. Pourtant quelqu'un est bien venu sur place et a pris une photo, sûrement avec un téléphone portable.

Sur la trace des complices

Le 16 janvier, de 2 heures à 10 heures du matin, trois équipes de trois effectifs chacune accompagnent trois groupes de la Crime et de la BRI[2] à Montrouge, Châtenay-Malabry et Épinay-sur-Seine pour des assistances lors de perquisitions et d'interpellations d'éventuels complices. En matière de terrorisme, les perquisitions sont autorisées à toute heure du jour et de la nuit. Taper au cœur de la nuit permet d'attendre que les couche-tard aient regagné leur nid et que les plus casaniers dorment profondément. C'est la BRI, entraînée à frapper aux portes à coups de bélier, qui s'y colle. Certes, son approche peut sembler un peu rude pour des huisseries qui seront forcément à changer ou à repeindre, mais ce mode d'action est toujours très efficace.

Je passe la nuit dans le bureau du numéro 2 de la Crime. C'est lui qui coordonne les opérations et reçoit les informations au sujet des objectifs, atteints ou pas, remontant des groupes présents sur le terrain. Il tient une

2. Brigade de recherche et d'intervention, appelée aussi l'Antigang.

sorte de main courante, note l'heure exacte du serrage[3] et rend compte en temps réel au procureur. Il n'est pas question qu'une faute de procédure vienne remettre en cause tout le travail effectué jusque-là.

Tout se passe bien.

La post-production n'est pas du cinéma

Sur cette séquence incroyable d'une dizaine de jours et de nuits, soixante-quatorze personnes de l'Identité judiciaire parisienne ont été engagées ou sollicitées à un titre ou à un autre.

Le matériel utilisé pour la gestion des scènes de crime a été majoritairement composé de consommables qu'il faut rapidement renouveler. Durant cette période, nous avons utilisé plus d'une centaine de combinaisons blanches, une vingtaine de boîtes de gants – chacune en contenant une centaine –, de masques chirurgicaux, charlottes et sur-chaussures, d'écouvillons, des rouleaux de Rubalise, d'adhésif marron, 150 sacs de 110 litres en papier kraft, autant de sacs-poubelle de 100 litres, une vingtaine de bocaux d'odorologie et leurs paquets de coton stérile que nous fournit Écully, des flacons stériles, des pinces de prélèvement, des dizaines de sacs à scellés sécurisés et d'enveloppes à scellés !

Près de 200 prélèvements de traces biologiques par écouvillon sont réalisés, pour une trentaine de traces odorantes ; 150 scellés sont déposés pour plus de 500 objets traités chimiquement par la section dactylotechnie. Plus de 300 examens physico-chimiques sont

3. Interpellation, dans le jargon policier.

engagés au cyanoacrylate, à la ninhydrine, au DFO[4], et environ 80 traces papillaires sont révélées. La moitié est identifiée comme appartenant aux auteurs ou aux complices des attentats.

5 000 clichés photographiques, 37 albums photographiques, 28 panoramiques (prises de vues à 360°), 23 plans et 3 portraits-robots sont le résultat du travail effectué par la section photo.

Des extractions de vidéosurveillances, des films de lieux et de cheminements, des améliorations et acquisitions de vidéos, des analyses de nombreux téléphones, GPS, et enregistreurs numériques sont le fruit des minutieuses recherches de la section téléphonie et traces technologiques.

La dactyloscopie s'occupe, quant à elle, des recherches auprès du fichier des empreintes digitales de toutes les signalisations effectuées concernant les complices ou les auteurs décédés. Elle est aussi l'interface avec Écully pour gérer les demandes éventuelles du service enquêteur qui souhaiterait interroger les autres Polices européennes, par l'intermédiaire du traité de Prüm, permettant l'échange d'empreintes, d'ADN ou d'identité.

Hormis la somme de travail apportée par les attentats entre le 7 et le 16 janvier, le service « normal » du SRIJ Paris s'est également déroulé autour d'autres affaires courantes composées de vols (à main armée, avec effraction, à la fausse qualité, avec violence et séquestration, aggravés ou simples), menaces de mort, homicides volontaires ou tentatives, viols, autopsies diverses, affaires de stupéfiants, signalisations pour différents services,

4. Produit chimique utilisé en bain pour révéler des traces d'empreintes digitales sur les matières poreuses.

soit 70 autres affaires « courantes ». Rien que de très habituel…

Dix jours après la tuerie à l'Hyper Cacher, alors qu'un travail de nettoyage et de remise en ordre du magasin commence, une grenade est découverte. Le chef de groupe du Raid avait raison : nous ne sommes jamais à l'abri d'une mauvaise rencontre. Cela aussi, il faudra le retenir.

Moyens engagés par la DCPJ

Lors de ces missions hors norme, nous ne voyons les choses que depuis le petit bout de notre lorgnette. Nous savons ce qu'il se passe sur la scène de crime puisque nous y sommes, mais nous ignorons presque tout de ce qu'il advient en périphérie. Il ne faut jamais croire qu'une mission qui nous est dévolue nous appartient.

Du 7 au 9 janvier, la DCPJ a engagé l'intégralité des effectifs de son état-major central, l'intégralité des effectifs de la SDAT – cent quinze fonctionnaires – et une partie importante des effectifs chargés de lutter contre le crime organisé,[5] la cybercriminalité[6], et de la Division des relations internationales[7], sans oublier Écully !

Au-delà du travail d'investigation – notamment de la Police technique et scientifique – réalisé sur le terrain et dans les services, ces équipes ont été en mesure de

5. SDLCODF : Sous-direction de la lutte contre la criminalité organisée et de la délinquance financière.
6. SDLC : Sous-direction de la lutte contre la cybercriminalité.
7. DRI : Division des relations internationales. Elle assure la gestion et le suivi des trois canaux de coopération opérationnelle que sont Interpol, Schengen et Europol.

traiter la majeure partie des cinq mille appels reçus sur le numéro vert, dont l'un a abouti à la localisation de l'appartement occupé par Amedy Coulibaly, à Gentilly, avant son passage à l'acte… Un travail exemplaire qui restera dans les annales de la Police française !

Malgré l'association directe que l'on peut faire de ma profession avec des scènes de crimes sanglantes, il arrive également que nous soyons confrontés à d'autres formes de violence, plus rares mais toutes aussi traumatisantes pour la communauté des humains. L'épisode du crash de l'A320 sur lequel nous avons été appelés deux mois et demi plus tard, le prouve bien.

CATASTROPHE AÉRIENNE DE LA GERMANWINGS

1. Le pire des scénarios

Quand on entend les médias expliquer que « les secours recherchent des survivants », c'est pour occuper l'antenne en attendant d'en savoir plus ; personne ne peut survivre à une collision frontale entre un Airbus A 320 et une montagne ! Jamais. La queue et le cockpit fusionnent en un éclair.

Quarante minutes après son décollage, le mardi 24 mars, très précisément à 9 h 41' 06"en temps universel, le vol 4U9525 de la Germanwings effectuant la liaison Barcelone-Düsseldorf s'efface des écrans de contrôle. Cent cinquante personnes sont portées disparues dont six membres d'équipage, seize collégiens allemands, deux de leurs professeurs, deux chanteurs de l'opéra de Düsseldorf, deux bébés, et d'autres victimes de plusieurs nationalités que la compagnie essaye d'identifier.

Dès les premières heures, les secours sont à pied d'œuvre. Une noria d'hélicoptères tente de repérer le point du crash et de localiser les débris.

Nous arrivons sur place le lendemain soir. Cyril G., commissaire de police et chef de la délégation police, nous informe du programme serré. Demain, debout à 5 h 30 et départ à 6 h 15, direction Seyne-les-Alpes sur 46 kilomètres de routes tortueuses et une petite heure à tenter de garder notre petit déjeuner au creux de l'estomac.

À peine sommes-nous descendus de notre véhicule que nos collègues d'Écully nous font visiter le hangar prêté par le Conseil départemental, où doivent avoir lieu les autopsies.

Dans un premier temps, une seule solution s'offre aux secouristes pour aller là-haut le plus rapidement possible : leurs jambes. Ces personnels y sont conduits par un berger qui connaît parfaitement ce terrain escarpé, les alpages où ce marcheur infatigable fait paître ses troupeaux durant la belle saison. Suivre le rythme imposé par cet athlète des sommets, qui saute comme un cabri de rocher en rocher, est une réelle épreuve pour eux.

Deux heures d'efforts sont nécessaires sur les sentiers en dévers qui descendent, montent, redescendent, remontent et franchissent des ruisseaux. La végétation agressive n'épargne pas non plus ces randonneurs d'une drôle d'espèce qui avancent en colonne disciplinée avec sur le dos des dizaines de kilos de matériel. L'aller est fait d'interrogations. Le retour, quant à lui, est plus silencieux. Une forme de prostration due à la fatigue accumulée dans cette zone hostile et à la compréhension de l'immensité de la tâche à accomplir, mais surtout à la vision macabre qui affecte ces professionnels pourtant habitués aux scènes d'horreur.

Le plan de sauvetage SATER[1] est déclenché. Des militaires sont déployés pour garder la zone en montagne, depuis les crêtes jusqu'en bas du ravin. Environ 4 hectares sur 400 mètres de longueur dans une pente à 30 pour cent.

1. SATER : Sauvetage aéroterrestre.

Éviter les pillages et les curieux en pareille occasion fait aussi partie de la stratégie et du protocole.

C'est à l'Unité nationale d'identification des victimes de catastrophe (UNIVC) que notre équipage de trois fonctionnaires est venu prêter main-forte. Guillaume A., Hamed C. et moi-même appartenons à cette unité police dirigée par le Service central de l'identité judiciaire d'Écully (SCIJ).

Plus proche et plus réactif que nous, le groupe des Lyonnais est arrivé le jour même du drame. Un effectif du service régional de l'Identité judiciaire de Marseille l'a complété.

Notre équipe police est maintenant au complet. Chacun est venu avec sa cantine, une grosse caisse en métal rouge remplie de matériel.

Une mission ne s'improvise pas

Partir en mission intéresse beaucoup de monde. Pourtant, rien ne s'improvise, tout doit être pensé et calculé à l'avance. Non seulement les personnels doivent être formés, équipés, préparés psychologiquement, mais aussi se trouver dans des conditions de vie personnelle qui leur permettent de travailler sereinement loin de leur famille, durant un temps inconnu.

On s'aperçoit que lorsqu'une mission se déclenche, ce sont souvent les mêmes qui se portent volontaires. Souvent les célibataires sans enfant, forcément plus disponibles. Ensuite viennent ceux dont les enfants sont grands et dont le conjoint accepte la séparation impromptue, c'est mon cas. Enfin, il y a ceux qui ne peuvent pas quitter le service car ils sont indispensables à leur poste de travail, ceux qui sont en congés ou injoignables, et ceux qui tout simplement ne se sentent pas d'affronter la tâche.

Les états-majors doivent tenir compte de toutes ces difficultés pour composer leurs équipes en urgence, en mixant l'expérience des anciens et la fougue de la jeunesse.

Qui sera le chef ?

Sur le site du hangar et sur la zone de recherches en montagne, nous sommes aux ordres des gendarmes de l'IRCGN, l'Institut de recherche criminelle de la Gendarmerie nationale. C'est toujours ainsi que se passent les missions d'identification, il faut bien choisir entre un chef appartenant à la Police ou à la Gendarmerie. Il s'agit pour cette fois du colonel Patrick Touron, patron de l'IRCGN. Ce scientifique de formation, déterminé, ne mâche pas ses mots quand il « manage ».

Il a su faire évoluer l'institut et a développé un bus-laboratoire mobile arrivé sur le site, qui permettra de réaliser les analyses ADN en temps réel.

Objectif : effectuer 400 scellés par jour. C'est-à-dire analyser 400 parties de corps par jour.

N'importe quel enquêteur vous dirait qu'on ne place pas les corps sous scellé dans la procédure judiciaire française. C'est réservé aux traces ou aux indices. C'est exact. Mais dans ce cas de figure, il faut aller vite dans l'identification des innombrables parties de corps. Il faut pouvoir se repérer facilement, puis manipuler et regrouper ces sacs quand leurs ADN auront parlé. Pour nous, effectuer des scellés « classiques », avec des poches et un numéro de traçabilité post mortem, semble donc la meilleure des solutions.

Nos journées commencent à 7 heures et se terminent à 20 heures. Il y a trente personnes réparties sur deux chaînes d'autopsie et divers ateliers. Le midi, nous avons droit à un plateau froid, plutôt bon. Le soir, nous repartons avec une collation pour l'avaler rapidement à l'hôtel, car les cuisines de l'Hôtel des Neiges et ses petits plats délicats n'attendent pas notre retour.

Dès le premier jour, il y a une tension palpable entre les chefs de la Police et de la Gendarmerie. Le commissaire à la tête de notre délégation semble ignoré par ses homologues gendarmes. Il tourne en rond. Pour se rendre utile, il finit, comme nous, par manipuler les restes humains sur les chaînes d'autopsies.

2. La compétition entre services

Ces tensions ne sont pas rares entre les chefs de nos institutions qui marquent ainsi leur territoire. En ce qui nous concerne, pour nous les « ripeurs », le travail doit être effectué coûte que coûte. Nous n'avons pas d'autre alternative que de bien nous entendre. Quand on dit que les policiers et les gendarmes ne s'aiment pas, c'est faux. Ce sont juste nos directeurs qui ont quelquefois de « fortes divergences d'opinions ».

Si l'on regarde un peu l'histoire de la Police scientifique, quelques pistes peuvent peut-être nous éclairer.

La Police technique et scientifique est un domaine déjà ancien, qui date de plus de cent quarante ans. C'est en 1882, à Paris, que le pionnier Alphonse Bertillon crée le premier système d'identification des récidivistes par l'anthropométrie médico-légale. Cette technique sera reprise à travers le monde entier sous le terme de Bertillonnage. On dit que cet homme-là avait déjà un caractère bien trempé.

En 1910, le docteur Edmond Locard lui emboîte le pas, à Lyon, et met en place le premier laboratoire de Police scientifique au monde. Il va se former un temps à Paris, auprès de Bertillon. Il dit de lui qu'il a « le repart[1] vif et l'accueil loup-garou ». Ces deux-là se toisent-ils déjà ?

1. Répartie.

Dès lors, une certaine rivalité va s'ouvrir entre Parisiens et Lyonnais concernant cette spécialité de l'identité judiciaire. Toutefois, hier comme aujourd'hui, ceux qui font bouger les lignes, ou pas, restent toujours les politiques.

Au début du XXe siècle, la ville de Paris exhorte le préfet de police à moderniser sa Police scientifique. Dans le bulletin municipal officiel du 5 avril 1925, on peut lire : « M. le Préfet de police est invité à procéder à la réorganisation de l'identité judiciaire et à la création de la Police scientifique et à faire connaître, dans le plus bref délai possible, par mémoire spécial, les modalités d'application qui seraient prévues pour cette réforme, dans l'intérêt de la ville de Paris en particulier et du public en général. » Mais, le préfet semble traîner des pieds. Le 25 décembre de cette même année 1925, la discussion s'anime à la mairie, autour du budget : « Nous demandons, une fois de plus, la réorganisation de cet important service. La ville de Paris s'intéresse tout particulièrement au développement de sa Police scientifique, dont la bonne renommée s'étend jusqu'à l'étranger. Elle ne tient pas à se laisser distancer par la ville de Lyon. » Déjà…

La Gendarmerie entrera beaucoup plus tard dans la course au développement technique et scientifique. Son seul et unique grand laboratoire, l'IRCGN, sera créé en 1987 à la suite de l'affaire du petit Grégory Villemin. La Police et la Gendarmerie deviennent alors, en quelque sorte, des « concurrentes ». Pourtant, elles ne travaillent pas sur le même terrain. La première est présente majoritairement en milieu urbain, la seconde majoritairement en milieu rural.

Aujourd'hui, dans bien des cas, une mutualisation de certains moyens pourrait être bénéfique à leur plus grand rapprochement. Pour ma part, je continue de penser qu'il ne devrait y avoir qu'une seule Police technique et scientifique en France, officiant indépendamment pour l'une ou pour l'autre de ces deux grandes institutions, ainsi que pour la justice. Inévitablement se poserait le problème de son rattachement. Aujourd'hui, la Police technique et scientifique, qu'elle soit Police ou Gendarmerie, est rattachée au ministère de l'Intérieur. Ne pourrions-nous pas penser autrement : une seule Police scientifique en France au service des enquêtes judiciaires, rattachée à la justice ?

Les avantages de la discipline

Lors du crash de la Germanwings, l'IRCGN est sur tous les fronts. En même temps que l'Institut doit s'occuper de cette mission, il est aussi engagé dans le déménagement de ses locaux[2], passant de Rosny-sous-Bois à Cergy-Pontoise.

Mais le gendarme est connu pour son organisation militaire, obéissant et discipliné. Même si cette discipline est antinomique avec l'attitude plus décontractée de la PJ parisienne, je dois reconnaître que dans bien des cas, c'est un avantage.

Tout d'abord en termes de personnels, ils ne sont jamais à court d'effectifs ou de renforts. Au tout début, à Seyne-les-Alpes, et avant qu'on leur trouve un hôtel, ils logent dans des conditions plus que spartiates. Je ne

2. Le déménagement aura lieu de mars à juin 2015.

suis pas certain que nous, policiers, aurions accepté ce traitement.

Ensuite, en termes de matériel, certaines demandes qui semblent toujours farfelues dans la Police, obtiennent la meilleure écoute au sein de la Gendarmerie. Ils veulent des hélicos ? Ils obtiennent des hélicos. Ils veulent des bulldozers ? Qu'à cela ne tienne ! Nous, policiers de terrain, aimons travailler avec ceux de l'Identification de victimes de catastrophe. Nous n'avons jamais autant appris qu'à leur contact.

Sur le parking devant le hangar se trouvent des Algecos mobiles d'état-major siglés « Gendarmerie », une tente blanche de l'IRCGN, une autre bleue, le bus-laboratoire et deux containers frigorifiques, un grand et un plus petit, branchés et en fonctionnement

Sur le site, nous devons nous équiper de combinaisons de travail siglées à nos noms et avec l'écusson de notre service. Être identifiés avec nos grades et notre boutique d'appartenance permet toujours de savoir à qui on a affaire dans ce genre de fourmilière. Les gendarmes sont très respectueux de la hiérarchie et aiment particulièrement cela. Pour ma part, lors de cette mission, j'ai les cheveux assez longs et je sens bien une désapprobation retenue dans le regard de certains.

La première des tâches qu'on nous demande d'accomplir est d'équiper le grand container d'étagères métalliques, encore emballées et en kit, qu'un livreur vient de décharger à l'extérieur.

Hamed et moi sommes désignés. Guillaume part en montagne pour le relevage des corps avec Gaël, un collègue d'Écully. D'autres s'occupent de peaufiner les chaînes d'autopsies dans le hangar. Nous sommes aidés dans notre emploi par des collègues gendarmes ou policiers de pelotons de secours en montagne. Dans la matinée, nous avons fini.

Soudain, le portail d'enceinte s'ouvre. Un camion militaire entre et effectue une manœuvre pour reculer jusqu'aux containers. Le chauffeur, un militaire armé et en tenue de camouflage en descend. Trois personnes en tenue blanche, celles dont nous nous revêtons habituellement sur les scènes de crime, viennent lui prêter main-forte.

Les portes du petit container frigorifique s'entrebâillent. Les hommes descendent du camion une lourde housse bleue mortuaire, close par une solide fermeture éclair. Elle est gonflée d'une multitude de parties de corps qui viennent d'être relevées sur la zone de l'accident. Le tout est placé dans ce sarcophage de métal froid à 5 degrés de température, où deux ou trois autres housses se trouvent déjà. Le relevage est en cours.

Les chairs, à ce stade, ne sont pas congelées. Elles doivent rester molles pour pouvoir être analysées facilement par les légistes sur les chaînes d'autopsie. Il n'y a aucune odeur fétide ou putride. Les morceaux de chair noircis, roulés dans la terre, n'exhalent rien des odeurs de mort que nous connaissons habituellement. La saison, les températures extérieures en altitude assez basses, les jours et les nuits conservent naturellement les tissus humains.

Le grand container, quant à lui, est réglé à moins 20 degrés. Il est destiné à accueillir sur nos étagères toutes neuves et solidement arrimées les scellés confectionnés après analyses.

L'ADN, les empreintes digitales ou l'odontologie doivent permettre de reconstituer les 150 corps des victimes avant de les rendre à leurs familles…

Les chaînes d'autopsies s'animent petit à petit. Chacune est composée de manière identique. Autour du légiste, qui en a la responsabilité, se trouvent un dentiste, un préleveur en génétique, un photographe, un « mains propres » chargé de la rédaction des notes et un « mains sales » qui manipule les parties de corps. Tout se met en place, le chaos s'organise.

Pour nous, la mission peut commencer. Hamed est nommé « mains propres » sur la chaîne Agostini. Pour ma part, je vais aider Hélène B., d'Écully, à remettre les notes du secrétariat au propre.

Avant d'entrer dans le hangar, dont le lourd portail roulant est à moitié descendu afin de garder un peu d'intimité et de respect envers les morts, Hamed et moi levons une dernière fois le nez vers le sommet de la montagne où nous imaginons notre copain Guillaume, attelé à sa tâche morbide. La tête de l'Estrop commence à recracher ce dont elle ne veut plus. Nous ne pouvons plus reculer.

3. Qui fait quoi ?

L'unité nationale chargée d'identifier les victimes de catastrophes[1] est activée uniquement en cas de faits importants. Elle est capable de se projeter rapidement sur les lieux. Aussi, ces deux groupes, Police et Gendarmerie, qu'ils travaillent ensemble ou séparément, se tiennent en alerte constamment. Ils disposent de matériel déjà préparé et conditionné dans des cantines prêtes à les suivre partout sur le territoire français ou à l'étranger.

L'unité police[2] se trouve à Écully à côté de Lyon, siège de la Direction de la Police technique et scientifique, où sont définies la doctrine, les formations, les recherches et analyses techniques demandées par divers services enquêteurs. Écully est capable de projeter en tout point du territoire où dans le monde des équipes de spécialistes

Ce service dirige et supervise tous les autres services de PTS concernant la Police, qui quadrillent le territoire, ainsi que les cinq grands laboratoires pour les analyses en biologie, physique ou balistique. Ces cinq labos sont situés à Lille, Paris[3], Lyon, Marseille et Toulouse.

1. UNIVC.
2. UPIVC.
3. Le nouveau site du laboratoire de Paris se trouve sur la commune de Saint-Denis (93), construit en même temps que le nouveau commissariat de police inauguré le 28 mai 2021.

Pour finir, n'oublions pas la gestion et la maintenance des deux plus importants fichiers nationaux en « réseau » entre toutes les plateformes de France Police et Gendarmerie : le Fichier automatisé des empreintes digitales (FAED), et le Fichier national automatisé des empreintes génétiques (FNAEG).

L'unité Gendarmerie[4], pour sa part, est basée à Cergy-Pontoise. Elle s'appuie sur les compétences de ses spécialistes, appartenant pour leur travail du quotidien à quatre grandes divisions en criminalistique :

– la division criminalistique physique et chimie qui regroupe les activités physico-chimiques, balistique, microanalyse, environnement-incendies-explosifs, toxicologie,

– la division criminalistique ingénierie et numérique qui comprend les activités liées à l'ingénierie et aux nouvelles technologies : informatique-électronique, signal image-parole, documents, véhicules,

– La division criminalistique identification humaine qui est composée des activités ayant trait à l'odontologie et la médecine légale, l'anthropologie et l'hémato-morphologie, la faune et la flore forensiques, les empreintes digitales,

– La division criminalistique biologie et génétique qui forme un pool unique d'experts en génétique dans une même chaîne fonctionnelle.

Trois autres services complètent ce remarquable institut à la pointe de la technologie : un service interprétation des données en charge de l'interprétation statistique des indices et des preuves, un service saisine scellés et, enfin, un service assurance qualité.

4. UGIVC.

L'IRCGN traite les prélèvements les plus sensibles effectués par ses techniciens en identification criminelle (TIC) sur l'ensemble du territoire et les assiste dans le cas d'affaires complexes.

Catastrophe « fermée » et catastrophe « ouverte »

Pour un crash d'avion, on parle de « catastrophe fermée ». C'est le cas le plus simple. On connaît la liste des noms des passagers et du personnel navigant. Il ne reste plus qu'à retrouver les familles et à faire le rapprochement entre leur ADN et celui des corps ou des parties de corps que nous relevons sur le site de l'accident. Le plus souvent, ce sont les proches des disparus qui se manifestent et prennent attache soit avec la compagnie aérienne soit auprès des numéros verts mis à disposition par les autorités.

Bien sûr, quand je dis « il ne reste plus qu'à... », c'est très réducteur. Car dans l'affaire de la Germanwings, même s'il n'y a aucun français parmi les 144 passagers et les 6 membres d'équipage, 18 nationalités différentes sont représentées.

A contrario, lors d'une « catastrophe ouverte », on ignore le nombre et les noms des victimes. Il peut s'agir d'un tsunami, un tremblement de terre ou un attentat terroriste de grande ampleur.

Mais les deux situations, « catastrophe fermée » et « catastrophe ouverte », peuvent aussi se combiner dans le cas où un avion s'écrase sur une zone habitée. Il faut être prêt à tout.

Depuis 1984, Interpol a défini un protocole, plusieurs fois amélioré[5]. N'importe quel pays peut télécharger en ligne et en plusieurs langues les dossiers utiles à l'identification, à savoir un dossier dit « ante mortem » composé de quinze feuillets de couleur jaune, un dossier dit « post mortem » composé des mêmes feuillets avec les mêmes renseignements à compléter, mais de couleur rose, et un dossier permettant de faire le rapprochement entre les données recueillies sur les deux premiers dossiers.

La cellule ante mortem « AM » est chargée de prendre contact avec les familles et les proches des disparus pour recueillir le maximum d'informations (description physique, cicatrices, tatouages, vêtements, bijoux, bagages, etc.) Le contact privilégié avec les familles vise aussi à obtenir les noms et coordonnées téléphoniques des médecins et dentistes traitants. Ces derniers seront invités à communiquer toute information médicale utile à l'identification (travaux dentaires, opérations subies, prothèses, pacemaker…).

Au besoin, les personnels de police technique et scientifique peuvent se déplacer et rechercher des empreintes digitales ou des empreintes génétiques, au domicile des victimes en y effectuant toutes les opérations de police technique qu'ils jugent utiles. Ils contribuent à alimenter la « banque » de données ante mortem.

Le groupe ante mortem doit, dans le même temps, procéder à une opération de prélèvements d'ADN des familles (ascendants, descendants ou collatéraux) et veille à bien établir le lien qui existe entre chacun dans l'arbre généalogique.

5. Ce protocole est actualisé tous les cinq ans et sa dernière édition date de 2023.

La cellule post mortem « PM » est chargée de recueillir directement sur les lieux de la catastrophe (à partir des corps, des parties de corps ou des objets découverts) le maximum de renseignement pouvant aider à l'identification.

Dans un premier temps, l'équipe post mortem s'occupe du relevage des corps en effectuant des recherches et la prise en compte des cadavres.

Les corps relevés sont immédiatement numérotés de manière cohérente pour l'ensemble du site. On applique alors une nomenclature particulière pour chaque corps, partie de corps ou élément relevé.

Les corps sont évacués vers un site offrant des possibilités suffisantes en termes de capacité de conservation (chambres froides), de radiologie et de salles d'autopsie. Généralement, dans la mesure du possible, les instituts médico-légaux sont privilégiés car les mieux équipés.

Toutes les informations recueillies sont insérées dans un dossier post mortem portant le numéro affecté au cadavre lors du relevage. L'examen de chaque corps commence par les radiographies afin de déceler les particularités éventuelles (prothèses, pathologies osseuses, stimulateurs cardiaques...).

Le corps est ensuite déshabillé et les vêtements sont examinés et décrits. La surface du corps est observée pour y déceler des particularités telles que cicatrices, tatouages, amputation, etc.

Enfin une autopsie est pratiquée pour rechercher des traces d'opérations chirurgicales, de prothèses ou de tout corps étranger, comme des balles par exemple.

Une enquête commune à plusieurs pays

Pour l'affaire de la Germanwings, la catastrophe a eu lieu dans les Alpes françaises. C'est donc la France qui est le pays souverain en termes d'enquête et de protocole d'identification.

Mais son action dans ce cas de figure va plutôt s'axer sur l'identification des victimes. En effet, puisqu'il n'y a aucune victime française, les dossiers ante mortem seront remplis par les pays qui déplorent des disparus, surtout chez nos amis allemands et espagnols.

De plus, l'enquête va très vite se diriger vers une piste criminelle occasionnée par le copilote suicidaire, Andréas Lubitz. C'est le BKA, l'Office fédéral de la Police criminelle allemande, qui mène cette enquête. Le pôle judiciaire de la Gendarmerie est activé, certes, mais la clef du mystère se trouve outre-Rhin.

Comme souvent, je pourrais même dire comme toujours maintenant, les grandes catastrophes se gèrent à l'international. Interpol est presque systématiquement représenté. L'organisation a les codes et l'habitude des échanges entre les Polices du monde entier. Si entre les Polices européennes il n'y a peu de problèmes, cela peut vite devenir compliqué avec d'autres cultures sur d'autres continents.

Le BKA et la Guardia Civil viennent à Seyne-les-Alpes pour se rendre compte du travail que nous menons. Silencieusement, ils observent autour des chaînes d'autopsie. Ils se demandent sûrement comment ils vont pouvoir expliquer aux familles l'état des corps quand celles-ci leur poseront inévitablement la question. Il est normal que des observateurs se déplacent en de pareilles circonstances.

La triste expérience des uns profite toujours aux autres. La France, dans ce domaine, possède malheureusement une très grande expérience.

Nous, policiers, sommes toujours confrontés au même problème en cas de catastrophe. Les familles, la presse et les politiques demandent toujours des comptes. Leur principal reproche étant que nous n'allons jamais assez vite. Nous comprenons cette attente. Nous expliquons les recherches, les analyses, peuvent être longues, que le temps n'est pas toujours compressible, qu'il nous est impossible de donner de fausses conclusions.

Le BEA[6], est aussi sur place. Chargé d'établir les circonstances et les causes de l'accident, la plus importante de ses missions, dans un premier temps, est de retrouver « les boîtes noires » de l'appareil. Mais où se trouvent ces enregistreurs de paramètres de vol sur lesquels tout le monde compte ? L'avion en frappant le sol a soulevé plusieurs mètres de terre et l'a ameublie. C'est un mélange de grès, de débris métalliques et de fils électriques de toutes les couleurs. L'odeur de kérosène est insoutenable. Les équipes qui cherchent ici ne peuvent tenir plus de dix minutes sans être relevées.

Là-haut, la première boîte a été retrouvée le premier jour des recherches, à l'endroit où l'on s'attendait à ce qu'elle soit, mais la deuxième donnera plus de fil à retordre.

En bas, les housses mortuaires prises dans le petit container ont été déposées au sol devant l'entrée du hangar. Une équipe est chargée de démêler les différentes parties des corps. Puis on prend un numéro de traçabilité qu'on attribue à chacun des éléments. Le travail sur les chaînes peut commencer.

6. Bureau d'enquêtes et d'analyses pour la sécurité de l'aviation civile.

Un légiste examine chaque partie de corps, dicte ses conclusions au « mains propres ». Un dentiste est là pour analyser des mâchoires et des dents. Un autre spécialiste en biologie est présent pour effectuer un prélèvement ADN dans les tissus profonds. Il faut éviter à tout prix les chairs superficielles, sûrement contaminées par le contact des autres fragments. Enfin, le « mains sales » dispose le segment décrit dans un sac avec son numéro de suivi. S'il s'agit d'une main, elle part chez les dactylotechniciens qui feront le relevé des empreintes digitales. S'il s'agit de mâchoires ou de dents, elles iront chez les dentistes qui feront les radios et décriront les travaux éventuels qu'ils constateront avoir été faits dans la bouche de la victime.

C'est ainsi que ces spécialistes observent sur une mâchoire des techniques de travaux dentaires faits en Europe de l'Est, qui ne sont pas pratiqués chez nous. Plusieurs mains de femmes montrent des ongles fraîchement vernis d'une « french manucure », cette technique de maquillage des ongles appelée aussi « French », a vraisemblablement été faite sur leur lieu de villégiature, en Espagne. Cela ne permet pas l'identification formelle, mais tout est important à décrire. C'est un signe distinctif.

4. Les bannettes des victimes

Le vendredi matin je suis envoyé sur le site de dépose des corps. Il faut rouler environ une demi-heure depuis le hangar pour se rendre dans une petite vallée au pied de la montagne du malheur.

Au sortir de la route goudronnée, nous empruntons un chemin tout à fait carrossable, gardé par des militaires. L'accès à cette zone est interdit et sécurisé. Au bout de quelques centaines de mètres qui longent des bosquets de sapins et un petit cours d'eau, nous arrivons sur un parking où sont déjà présents les véhicules sagement alignés de ceux qui travaillent sur les sommets. Cet endroit ressemble à tous ceux que les marcheurs connaissent bien quand ils partent en randonnée et abandonnent leurs montures. C'est le point de départ de plusieurs « courses », comme on dit ici.

Il y a une grande prairie dégagée pour la dépose par hélicoptère des housses mortuaires remplies et lourdes qui proviennent du site de relevage. À deux cents mètres à peine, on trouve quelques vieux bâtiments délabrés. Il s'agit d'un ancien corps de ferme plus ou moins à l'abandon. Le long d'un mur exposé au sud, qui garde la chaleur de ce printemps généreux, une tente igloo grise à la porte grande ouverte protège une table pliante de camping. Sur cette desserte est posé un distributeur d'eau chaude branché en permanence sur un générateur, des bocaux de café lyophilisé, du sucre, des infusions et des petits gâteaux pour le grignotage. Des packs d'eau sont à disposition, ainsi que des chaises d'extérieur en plastique d'un vert pâle fatigué. De grandes poubelles noires complètent la décoration extérieure. On voit bien que ce lieu est très fréquenté.

Pour l'instant, nous n'avons rien à faire, juste à attendre que les premières bâches soient remplies, tout là-haut. Nous entendrons les hélicoptères s'annoncer dans un écho bruyant de rotor. Pour l'instant, un café en main, nous laissons cette vallée guider nos regards vers les monts enneigés. Le ciel est gris, ce matin.

Voilà que se présente le premier appareil de la matinée. Nous entendons d'abord l'écho de son rotor puis le voyons arriver au loin, petit point bleu qui grossit en venant vers nous. Il traîne quelque chose sous son ventre. C'est un sac bleu qui pend au bout de son filin d'hélitreuillage posé dans une bannette métallique, de celles que les secours en montagne utilisent pour évacuer les blessés.

Ces bannettes recèlent plusieurs dizaines de parties de corps mélangées.

Un policier ou un gendarme est pendu avec elles au bout du filin et les accompagne. Il est chargé de décrocher la bannette dès qu'elle touche le sol. Dès que l'hélicoptère repart nous nous en saisissons et chargeons la housse mortuaire dans le camion militaire. Au terme de plusieurs chargements, le véhicule escorté prend la direction du hangar et du petit frigo.

Dans la matinée, le berger qui a conduit les premiers secours en montagne le jour du crash, arrive sur le site. Cet accident l'étonne, de même que cette soudaine activité, tout ce mouvement dans sa région si paisible en temps habituel. Il est intrigué par le va-et-vient de ce ballet aérien. Je lui explique un peu le processus et, très vite, notre conversation tourne sur la difficulté de l'élevage dans cette partie du paysage.

Je crois entendre mes parents lorsqu'ils tenaient encore la ferme familiale, évoquant la difficulté de ces microentreprises agricoles.

Une autre rotation d'hélico est déjà en approche. Je retourne à mes bâches après cet intermède campagnard, et le berger reprend le chemin de sa montagne. Il fait beau maintenant, le soleil a fait son apparition, le printemps aussi est en approche.

Je repense à ma campagne limousine. Je dois dire que, pour moi, c'est un réconfort dans les moments compliqués. Que penseraient mes parents de tout ça ? Comment réagiraient-ils à ma place ? Ai-je fait le bon choix de partir ? Je me replonge en enfance.

Des mouches qui relient les hommes

Je connais les gendarmes de l'IRCGN depuis le début des années 2000. Mon intérêt pour les insectes, encore une passion de mon enfance paysanne, me pousse à visiter leur laboratoire d'entomologie médico-légale qui se développe à Rosny-sous-Bois. Emmanuel G. y est alors un jeune officier. En compagnie du lieutenant Laurent Dourel et du maréchal des logis Thierry Pasquerault, Emmanuel présente volontiers cette nouvelle technique médico-légale à ceux que leur travail attire, comme moi.[1]

1. Voir ANNEXE 1 – l'entomologie médicolégale.

Dans les mois et les années qui suivent, je leur transmets plusieurs relevés de larves et de pupes d'insectes nécrophages que je prélève sur des affaires criminelles parisiennes. En ce qui nous concerne, Police scientifique de la Préfecture de Police de Paris, nos relations avec l'IRCGN sont très bonnes depuis déjà plus d'une décennie.

À Seyne-les-Alpes, Emmanuel est devenu commandant. Il est le responsable du relevage en montagne pour l'affaire Germanwings. Il y passe tout son temps, lorsqu'il redescend, il est éreinté, couvert de terre et de poussière grise. Il est très organisé, à l'écoute, toujours disponible, ne compte ni son temps ni ses efforts. L'IRCGN a trouvé en lui le référant parfait pour l'IVC. C'est lui qui désigne ceux qui se rendent sur le site de relevage. Mon tour sera dimanche.

Ce vendredi, nos collègues d'Écully nous apprennent qu'ils vont changer d'hôtel pour se rapprocher du site de travail et effacer leurs deux heures de route quotidiennes. Ils nous donnent les coordonnées de l'Hôtel Saint-Jean à Montclar, seulement éloigné de 7 kilomètres de Seyne-les-Alpes. Je prends attache avec mon service pour demander qu'ils organisent la même transition. La procédure nécessite des bons administratifs et comptables en bonne et due forme, que je ne peux pas remplir depuis ma position, bien évidemment. C'est compliqué d'obtenir gain de cause. Cette demande de dernière minute, un vendredi, n'enchante personne à Paris.

Aujourd'hui nous avons fait 400 scellés.

5. Une séance d'essayage

Samedi 28 mars. Comme nous connaissons nos missions de relevage à l'avance, nous préparons notre matériel la veille. Dans un coin du hangar, on peut trouver un équipement complet à notre taille pour cette mission impressionnante à plusieurs titres.

Demain matin, j'irai en montagne avec Gäel qui est un habitué. Je choisis un casque, des lunettes, un masque, un blouson et un pantalon en toile renforcée, des chaussures, de solides gants de travail ainsi qu'un baudrier et un harnais d'escalade. C'est toute une expédition à prévoir, et la formule n'est pas galvaudée.

Guillaume et Gaël connaissent le protocole et le travail atypiques des sommets. Ils nous débriefent. C'est rassurant, ils disent qu'il s'agit d'une expérience difficile et incroyable. Mais écouter le récit d'un voyageur et vivre soi-même l'aventure n'a rien de comparable. J'attendrai demain pour me faire ma propre opinion.

J'ai beau déjà avoir vu des choses pas très naturelles dans mon métier, j'appréhende un peu le fait de me retrouver accroché à un harnais dans une pente pour rechercher et ramasser des restes humains.

D'un autre côté, je vais monter en hélicoptère pour la première fois. Il faut tellement de monde là-haut que les rotations d'hélicoptères ne suffisent pas toujours. Appareils et pilotes sont fatigués.

Au début des opérations, les déposes d'hommes se font par hélitreuillage, mais les filins ont une usure naturelle et la sécurité impose qu'ils soient vérifiés ou changés après un certain nombre d'utilisations. Alors la technique change. Maintenant, les personnels héliportés, doivent descendre de l'appareil alors qu'un des patins touche le flanc de la montagne. C'est ce que les pilotes appellent la « dépose patin ». Quand le vent est nul tout va bien, mais la montagne est toujours d'humeur changeante. Certains ont l'estomac dans les chaussettes. Une demande a été faite de bien vouloir prendre en compte la difficulté d'accès, le temps et l'énergie perdus. D'aucuns aimeraient qu'une route soit ouverte rapidement à travers la montagne pour s'approcher au plus près de la catastrophe et gagner au bas mot une bonne demi-heure de marche. Par anticipation aussi, la carlingue, les valises, tous les débris métalliques ne pourront pas rester dans la nature *ad vitam æternam* et devront être évacués d'une manière ou d'une autre.

Nous en sommes à 700 scellés.

Relevage en montagne

Le dimanche 29 mars, je vais à mon tour affronter les pentes sur la zone de relevage.

Dès mon arrivée au hangar, je m'équipe des vêtements essayés la veille. Je charge mon sac à dos dans le camion, et nous voilà parti sur la zone d'envol. Je suis avec Gaël. Pour lui, c'est un jour comme un autre.

Sur le pré, comme chaque matin, des bénévoles d'associations nous accueillent et distribuent une collation pour la journée. Toute la vallée, toute la région, toute une communauté sont mobilisées.

Nous arrivons auprès du « choucas des Alpes »[1] qui doit nous héliporter jusqu'à la zone de recherches.

C'est la première fois que je monte dans un appareil de ce type. L'intérieur est spartiate, tout métallique, fait pour charger le personnel et son matériel encombrant, pas pour effectuer une croisière d'agrément.

Un pilote et son mécanicien commandent la manœuvre d'embarquement et de sécurité. Deux collègues policiers des CRS[2] de montagne embarquent avec nous. Ils seront là pour nous assurer en rappel lorsque nous effectuerons les recherches et le ramassage dans la pente. Les gendarmes du PGHM[3] de Briançon font aussi partie des recherches.

Tous ces spécialistes de la haute montagne sont des garçons remarquables qui ont une grande habitude de ces missions. Ils nous inspectent de la tête aux pieds pour s'assurer que nous avons tout ce qu'il faut. Ils secouent nos harnais, font bouger nos casques, éprouvent nos fermetures éclair, comme des scénographes qui checkent leur matos avant une entrée en piste. Ils savent qu'ils ont affaire à des novices et ne veulent pas d'incidents de parcours.

Autant nous sommes excités par le fait de vivre cette aventure, autant ils sont inquiets de notre méconnaissance des dangers de la montagne. Ils nous demandent si nous n'avons aucun problème physique et si nous possédons quelques capacités sportives. Évidemment… non, pas à la hauteur des leurs.

1. Le choucas à bec jaune ou chocard de montagne à bec jaune ou choucas des Alpes est un oiseau de la famille des corbeaux (corvidés) dont le nom latin est *Pyrrhocorax graculus*. Il est présent dans une vaste zone alpine.
2. Compagnies républicaines de sécurité.
3. Peloton de la Gendarmerie de haute montagne.

C'est parti pour quelques minutes de vol vers l'enfer.

Une dépose-patin plus tard, tout en haut de la crête où s'est écrasé l'avion, nous sommes collés les uns aux autres, accroupis contre un rocher, tenant nos casques et attendant que l'oiseau bleu s'éloigne dans le bruit de son rotor qui soulève une poudre blanche.

Le calme revenu, j'avise la zone que nous allons explorer. Nous devrons redescendre 500 mètres de terrain hostile, pentu, à la végétation rugueuse et ciselée de plusieurs ravins. Les CRS et les gendarmes de montagne ont les cartes IGN[4] en tête et connaissent déjà bien le terrain. À première vue, je n'ai pas l'impression que ce soit techniquement très compliqué. Je vais rapidement déchanter. On ne fait jamais le malin avec la montagne.

La zone qui nous est attribuée ce matin se trouve sur le côté gauche. Nous devons explorer une ravine délaissée jusqu'ici, mais dans laquelle se trouvent de gros morceaux de carlingue, un train d'atterrissage et diverses affaires personnelles des victimes. La partie haute de la ravine est pauvre en végétation, presque uniquement faite de roches instables et de terre mêlées. Nous avons l'impression de marcher sur un tas de graviers glissant. Il faut mettre les crampons sous nos chaussures.

Un gendarme du PGHM de Briançon équipé d'une radio reste perché sur le point le plus élevé. Il a un visuel sur tous les ravins en même temps et suit la progression de chaque équipe. Depuis son nid d'aigle, il assure une surveillance attentive du déroulement des opérations. Rien n'est laissé au hasard.

4. Institut géographique national. Le sigle est conservé après 2012 malgré le nouvel intitulé officiel : Institut national de l'information géographique et forestière.

Pour l'instant, nous laissons nos sacs à dos et nos affaires encombrantes en haut de la crête. Nous allons faire des aller-retour dans la pente la moins difficile, et explorer chaque recoin pour y découvrir d'éventuels restes humains.

Rapidement, un problème se pose. Un gros morceau de carlingue est coincé en déséquilibre entre deux rochers. Il faut l'arrimer car, quand nous allons continuer à descendre et travailler au-dessous de lui, il serait mal venu qu'il nous dégringole sur le dos. Ce sont les CRS et les gendarmes du PGHM qui s'y collent. Ce sont des écureuils. Ils montent, descendent sans effort. Je suis admiratif.

Je n'ai encore rien vu, dans ces couleurs en dégradé de gris et d'anthracite, qui puisse ressembler à des restes humains. Mon binôme m'assure depuis le haut. Je descends et je balaye de gauche à droite la pente, à la recherche de je ne sais pas trop quoi. Je suis équipé d'un sac en plastique fort, noir, pour y déposer ce que je trouverai. Il n'y a rien qui puisse m'orienter, pas la couleur rose de la chair ou des traces de sang que je connais si bien.

Enfin, au bout de longues minutes, je trouve un premier morceau que je ne peux pas identifier, coincé au pied d'un buisson. Mon collègue me crie de bien regarder tout autour car il croit distinguer autre chose. Effectivement, il y a encore une partie de corps que je ne peux pas atteindre. Elle est située plus en hauteur mais je ne peux plus remonter cette pente glissante. C'est lui qui va descendre et la récupérer.

C'est physiquement très éprouvant. Quant au relevage lui-même, il n'y a rien de particulier à en dire. Il faut juste trouver ce qui peut ressembler à de la chair grise roulée dans de la terre. Quelquefois, ce sont des parties entremêlées à des bouts de fils électriques. Le plus souvent, on trouve des habits déchiquetés tachés de sang séché. Mais nous ne ramassons pas les effets personnels, nous sommes ici uniquement pour l'identification des corps. D'autres équipes s'en chargeront.

Les collègues qui nous assurent en rappel, ne sont pas chargés du ramassage, ils sont juste affectés à notre sécurité. Je dois pourtant dire qu'ils l'ont souvent fait avec nous.

Les restes que nous retrouvons dans cette zone périphérique sont rares car le gros de cette collecte macabre s'est déjà concentré sur le centre de la crête depuis quatre jours.

Nous explorons les parties métalliques de l'avion en faisant bien attention de ne pas les mettre en porte-à-faux et de créer un danger pour ceux qui seraient présents en contrebas, dans la ravine. Tout peut dévaler la pente à n'importe quel moment.

Pour ceux qui connaissent la montagne, quand on est dans la pente, on ne voit plus rien autour. C'est encore pire quand on est plongé dans un ravin. Vous pouvez disparaître du visuel de celui qui vous assure au bout de quelques mètres de descente seulement. Heureusement, il y a toujours le guetteur référent, tout là-haut, sur son rocher.

Cet exercice est déroutant. Je suis là pour trouver et relever des restes humains mais je suis plus préoccupé par l'environnement et par l'effort physique que je dois déployer. Accroché à ce cordage, bringuebalé de gauche et de droite, je monte, je descends, actionné depuis le haut par mon binôme. Je comprends maintenant leur demande au sujet de notre forme physique. Je regrette d'avoir laissé tomber un entretien physique régulier.

Je trouve peu de restes humains. Des petits morceaux. Nous savons que cette zone est plus pauvre et que, depuis quatre jours, tout ce qui était visible a été prélevé, ou presque. S'il manque des parties de corps, c'est qu'elles sont enfouies, invisibles.

Au milieu de notre descente, nous trouvons la bannette métallique et sa housse mortuaire dans laquelle nous plaçons nos sacs de ramassage. À nous tous, nous arrivons tant bien que mal à la garnir suffisamment pour qu'elle soit évacuée par hélitreuillage. Mais de l'avis de ceux qui travaillaient là en début de semaine, cela n'a rien à voir avec les quantités initiales.

La montagne et ses ravines amplifient les échos de ceux qui s'interpellent. Elles sont peuplées de petits groupes qui les ratissent[5].

Il est l'heure d'une pause. Nous ne nous attardons pas, nous devons continuer à chercher et à descendre jusqu'au point zéro où a eu lieu l'impact.

Nous explorons beaucoup de parties métalliques de la carlingue, des ailes et même celles d'un train d'atterrissage. Elles sont devenues des lames de rasoir géantes. Il est prévu qu'une société spécialisée vienne nettoyer la montagne de tous ces débris après la fin des recherches. Rien ne peut rester ici, pour une raison de propreté du site, mais aussi pour que les débris ne servent pas de trophées aux randonneurs qui ne manqueront pas de se précipiter ici dès qu'ils le pourront.

La seconde partie de notre descente est encore moins riche en découverte.

Depuis que j'exerce ce métier j'ai vu des centaines de cadavres dans tous les états. Des morts rencontrés lors de diverses situations : accidents de la route, suicides,

5. Cf. : *Poursuite des recherches et analyses sur la zone du crash de l'airbus A320 de Germanwings*, ministère de l'Intérieur, YouTube.

noyades, overdoses, chutes de points élevés, accidents de travail, électrocutions, découvertes d'ossements en forêt, dans des caves, sur des chantiers, explosions, meurtres ou tout simplement morts naturelles. J'en ai vu des entiers, écrasés, coupés en morceaux, décomposés, parcheminés, à l'état de squelette ! Bref, le panel classique mais toujours dans un périmètre assez concentré. Mais aujourd'hui, c'est vraiment la première fois que je fais des recherches physiques sur une aussi grande étendue.

La manutention des corps morts ne me pose pas de problème. Sur les scènes de crime, nous les manipulons systématiquement avec nos collègues enquêteurs, pour les déshabiller. Dans les constatations judiciaires, toutes les affaires personnelles découvertes sur les personnes décédées sont décrites minutieusement dans des procès-verbaux. Ceci est une particularité parisienne, car les médecins légistes ne se déplacent pas sur les lieux, à l'inverse de ceux de la province. En ce qui nous concerne directement, l'identité judiciaire, nous devons effectuer les photos, les mesures, faire les prélèvements biologiques, le relevé des empreintes digitales sur ces corps, souvent avant le transport à l'Institut médico-légal. Pour moi comme pour mes collègues, c'est un travail récurrent, basique et normal.

Mais dans cette montagne, il n'y a ni corps entiers ni habits à décrire. La plus importante des parties de corps qui va attirer notre attention lors de cette mission, sur les chaînes d'autopsie, sera vêtue de l'habit des personnels navigants aux couleurs de la compagnie. C'est la seule qui nous donnera une piste sérieuse pour son identification rapide. Nous saurons vers quelles familles nous tourner.

Au terme de notre descente, nous arrivons au point zéro. C'est ici que se trouve concentré le plus grand nombre de personnels. Des recherches quasi archéologiques sont en cours sur le point d'impact. Nous sommes devant un mur de terre noire fraîchement remuée, grasse d'huile et de kérosène, et de laquelle sortent une multitude de fils électriques multicolores. C'est étonnant.

Nous attendons notre tour sur le côté. Nous nous relayons toutes les dix ou quinze minutes car l'odeur de kérosène est insupportable. Malgré les masques, beaucoup d'entre nous éprouvent des maux de tête rapidement. Nous devons creuser jusqu'à ce que nous retrouvions le cockpit ou tout au moins ce qu'il en reste. Depuis le premier jour du crash, une des deux boîtes d'enregistrement des paramètres de vol a été retrouvée. Selon ces enregistrements de divers bruits, et surtout de la respiration intrigante d'un des pilotes à quelques minutes du crash, l'enquête s'est tout de suite orientée vers le copilote allemand dépressif et suicidaire Andréas Lubitz.

Nous devons rechercher les preuves de sa présence dans le cockpit de manière à faire les prélèvements nécessaires. Mais ce n'est pas nous qui aurons à retrouver ces preuves. Notre journée de travail s'achève déjà, il est temps de redescendre dans la vallée. Les recherches continueront demain. Cette journée est passée comme un claquement de doigt.

Nous repartons, à pied cette fois-ci. Fini le voyage en hélicoptère, nous avons plus d'une heure de marche à faire à travers la montagne, ses ruisseaux et ses dévers. La colonne se met en route, plutôt joyeuse au début et de plus en plus silencieuse au fur et à mesure que les difficultés durcissent nos muscles et que nous réalisons d'où nous revenons.

Nous finissons par sortir d'un bois de pins et nous nous retrouvons dans une prairie où des camions militaires nous attendent.

En redescendant par un chemin de terre riche en nids-de-poule, nous croisons les bulldozers qui aplanissent les bosses et mordent la montagne d'une lame pressée et tranchante. La commande des engins est honorée.

Poussiéreux, fatigué mais satisfait de cette nouvelle expérience je retrouve Guillaume et Hamed au hangar. Guillaume vient tout de suite me demander mon ressenti. Incroyable, lui dis-je, mais il connaissait déjà la réponse.

Nous en sommes à 1 200 scellés analysés et, puisque c'est dimanche, nous terminons le service à 17 heures. Cadeau de la direction.

Le soir, pour la première fois depuis que nous sommes arrivés, nous mangeons un repas chaud au restaurant de l'hôtel.

Ce repas de groupe marque la fin de la mission du commissaire Cyril G. qui regagne Écully. Nous aimons toujours clôturer une aventure par un moment partagé et une photo de groupe. Je ne sais plus ce que nous avons mangé, mais c'était bon.

Dans ma vie familiale ou professionnelle, j'ai toujours été gâté, j'ai toujours eu de quoi apprécier pleinement le moment présent. Je n'ai jamais été victime de rien, sinon de ma propre incompétence. J'ai un autre avantage, c'est de le savoir. Quand on me dit : « Je te plains, ce devait être affreux, comment as-tu pu faire ? C'est horrible. » La difficulté fût encore une fois psychologique, mais nous étions tous volontaires pour faire partie de cette mission.

Nous n'avons fait que ce pour quoi nous étions formés. Bien évidemment, nous sommes marqués d'empreintes indélébiles, mais comme tout le monde dans la vie normale.

Ce qui nous manque est souvent plus impactant que ce que nous avons. À ce stade, il me manque juste du sommeil. Je récupérerai plus tard. J'aurai toute l'éternité.

6. Adieu, vallée rose

Lundi. Ce matin, aucun hélico ne décollera. Trop de vent. Toutes les équipes devront marcher.

Du côté d'Écully, Estelle D., commissaire divisionnaire, cheffe du Service central d'identité judiciaire, est venue relever Cyril G. Ils se passent les consignes. Le directeur de la Police scientifique nous a rendu visite en fin de semaine dernière.

L'ambiance est quelquefois tendue entre nos chefs respectifs mais ne change pas grand-chose au bon déroulement des opérations sur les chaînes ou en montagne. L'enjeu est bien supérieur aux inimitiés.

Heureusement, dans ces missions, il y a les « indépendants ». Travailleurs civils le reste du temps, médecins légistes ou dentistes, ils viennent des quatre coins de France, choisis sur une liste d'experts en fonction de leurs disponibilités. Leur art n'est soumis à aucune hiérarchie policière ou militaire, à part celle du procureur de la république auquel ils doivent rendre compte. Ils insufflent souvent sur les chaînes d'autopsie une joie communicative. Ce sont eux qui détendent le mieux les atmosphères viciées. Ils ne sont jamais avares d'anecdotes sur leur métier, de pédagogie lorsqu'ils officient, c'est un bonheur de travailler avec eux.

Lundi 30 mars 20 heures : 1 800 scellés.

Tentative de cicatrisation

Le mardi suivant, je passe une bonne partie de la journée à la remise en forme des notes prises par les « mains propres » sur les chaînes d'autopsie. Ils écrivent rapidement en fonction de ce que leur dicte le légiste puis nous donnent les feuilles qui nous servent à renseigner le système informatique.

Estelle D. vient avec Hélène et moi au pôle traçabilité. Nous en sommes ravis et en profitons pour découvrir cette femme intelligente, au parcours atypique. Ceux d'Écully la connaissent bien et ont pour elle admiration et sympathie. Avec Hélène, nous lui expliquons notre fonction.

Le procureur de Marseille visite le site. Notre cheffe rejoint le groupe, sa place est avec eux.

Hamed et Guillaume ont passé la journée en montagne. Ils en reviennent épuisés mais avec le sentiment du devoir accompli. Le chantier de la route avance bien et ils ont pu bénéficier d'un trajet de marche plus court. Les camions peuvent aller plus loin pour récupérer les troupes fatiguées. Les housses mortuaires sont de moins en moins lourdes. Le relevage arrive à sa fin.

Ce soir, nous allons pouvoir partager ce sentiment commun d'appartenance à une même cause. Nous avons vu et fait des choses similaires. C'est une autre caractéristique de l'état d'esprit des policiers de terrain. Ils aiment se rassembler autour de leurs succès ou de leurs échecs. Leur chapelle, leur temple, leur sanctuaire c'est la communion autour des actes vécus. Ils se rassurent en étant ensemble, grandissent dans le partage d'expérience, se protègent en thérapie de groupe, surtout quand ils agissent en terrain extérieur. Leur instinct grégaire n'est pas tabou.

La relève de Paris est arrivée. Bien que nous ayons dit à notre état-major que nous pourrions assurer la mission jusqu'à la fin, la décision a été prise de changer l'équipe. Balles neuves…

Perrine, Jean-Charles, Frank et Yves sont là. Tout ceci est normal. Je suis coordinateur dans mon service et je sais très bien que cette décision a été prise autant pour nous soulager au terme d'une semaine intense de travail que pour donner l'opportunité à d'autres d'œuvrer sur une mission aussi extraordinaire que celle-ci. Ces faits sont rares, et heureusement. Mais un service comme le nôtre se doit d'accroître ses compétences par la pratique. La théorie nous enseigne, mais le terrain nous apprend.

Le soir nous dînons tous ensemble pour sceller une nouvelle fois la passation de témoin. Nous évoquons nos anecdotes.

Dans la presse allemande, on parle d'une femme qui s'est fait passer pour une amie d'une famille victime et a profité des largesses de la compagnie aérienne pour venir aux frais de la princesse à Seyne-les-Alpes faire du tourisme.

En une semaine plus de 2000 scellés ont été confectionnés.

L'heure du départ

Ce mercredi 1er avril, est le dernier matin où nous nous rendons au hangar. Nous y sommes de bonne heure. Tout est calme. Nous sommes venus un peu plus tôt pour expliquer à nos copains parisiens le fonctionnement des chaînes et les différents postes qu'ils tiendront. Ils sont appliqués, ils écoutent. Ils sont tous rodés aux scènes de crime et aux visions choquantes mais malgré tout, s'intégrer dans une routine comme celle-là mérite de la concentration.

À ce stade, ils ne le savent pas encore, mais leur travail s'arrêtera le samedi, faute d'examens à effectuer. La dernière housse sera redescendue de la montagne en milieu de semaine par un hélicoptère de l'armée allemande qui la transportera symboliquement jusqu'au point de dépose. Le monde entier a les yeux rivés sur cette affaire et la communication politique ne peut en aucun cas être négligée. C'était à eux de clôturer cette affaire.

Nous attendons le début des opérations sur les chaînes et nous donnons un dernier coup d'œil à notre relève déjà très appliquée à sa tâche.

Encore quelques photos, Guillaume, Hamed et moi repartons le cœur triste. Cent cinquante victimes ont laissé leur vie dans cette montagne à cause du coup de folie d'un seul homme.

En redescendant, nous nous arrêtons au bord d'une vallée toute rose de pêchers en fleurs. C'est magnifique ! Derrière nous, le soleil inonde les crêtes, nous désignant une dernière fois l'endroit de la tragédie. Il semble nous dire qu'il prendra soin des cent cinquante nouvelles âmes qui y sont désormais attachées pour l'éternité.

Adieu vallée rose, rose comme la couleur de nos dossiers post-mortem.

Du haut des Alpes du Sud françaises aux plages de Phuket, la mobilité de la Police technique et scientifique est avérée. Non seulement nous sommes en mesure de nous adapter à tous types d'environnement, mais nous pouvons aussi être envoyés en mission loin du service, dans des lieux très particuliers.

TSUNAMI DANS L'OCÉAN INDIEN

1. Une vague de malheur

Le 26 décembre 2004 à 7 h 58, heure locale, la terre tremble dans le Sud-Est asiatique. La magnitude de 9, 3 degrés sur l'échelle de Richter, qui en compte dix, génère une vague de 35 mètres de haut ! Une zone allant de l'Indonésie à la Thaïlande en passant par le Sri-Lanka et la Malaisie est submergée, ravagée, avalée, par ce monstre liquide. Bilan : 230 000 morts !

Une semaine après le séisme, Le quai d'Orsay indique être sans nouvelles de « plusieurs centaines de famille françaises. La Suède est sans nouvelles de 3 500 personnes, l'Allemagne parle d'un millier de disparus, le nombre des Britanniques décédés pourrait atteindre plusieurs centaines. Bref, on ne sait rien exactement.

« En Asie, on arrête de compter les morts, trop de douleur macabre. »[1] On préfère s'occuper des blessés et penser aux survivants. La famine et les épidémies guettent. La chaîne TF1 montre des images de la magnifique île de sable blanc de Koh Phi Phi, en Thaïlande, méconnaissable. Sous les décombres des bungalows, des corps sont-ils toujours enfouis ? Par peur du choléra, le gouvernement interdit l'accès de ce joyau national où fut tourné le film *La Plage*, avec Léonardo Di Caprio et Virginie Ledoyen.

1. Article de *La Dépêche* publié le 03/01/2005.

Nous sommes dans la période des vacances scolaires de Noël. Bon nombre de Suédois, Norvégiens, Allemands, Anglais et Français ont leurs habitudes dans les hôtels de Thaïlande. Pour les Français, ce sont surtout les plages paradisiaques de Khao Lak qui ont leur préférence. Ils logent à l'Hôtel Sofitel où plusieurs centaines de personnes mourront, surprises dans leur chambre par la vague meurtrière.

La Thaïlande demande de l'aide internationale. Elle afflue. En peu de temps, la France récolte 3 millions d'euros. Les autres pays européens ne sont pas en reste. Les Américains ont du mal à mettre la main au porte-monnaie, ils enverront des Marines au Sri Lanka. Le pape Jean-Paul II se félicite de ce mouvement de solidarité.

Le choc des cultures

La Thaïlande est désorganisée, quel pays ne le serait pas ? Sans grands moyens techniques, ne connaissant rien aux pratiques de l'identification, elle n'arrive pas à gérer les tensions d'un point de vue politique, économique et dans sa chaîne de commandement.

Au bout de quelques semaines les premières frictions apparaissent avec les Occidentaux considérés comme des envahisseurs. La Thaïlande commence à se demander combien de temps encore ce barnum va durer…

Le choc culturel que personne n'a anticipé est bien là : la Thaïlande est un pays bouddhiste. Elle souhaiterait régler cette affaire a sa manière. Fosses communes pour éviter les épidémies et cérémonies religieuses avec ses moines.

Le monde occidental s'étrangle. Les diplomates se précipitent et un compromis est trouvé. Les pays qui en sont capables fourniront tous les moyens, le matériel, les spécialistes nécessaires, formeront les Thaïlandais et identifieront tous les corps possibles de quelque nationalité qu'ils soient. Et quand ils partiront, ils laisseront les infrastructures en place.

Ce choc culturel peut arriver dans d'autres pays de religions différentes. Chez les musulmans les morts sont enterrés dans les 24 heures. Comment expliquer aux familles le temps long de l'enquête, les problématiques incompressibles des analyses ADN et des empreintes, les comparaisons diverses et toute cette philosophie occidentale bizarre, basée sur la preuve indiciale de la disparition ? Avec plus de 80 pour cent de sa population musulmane, l'Indonésie, pays le plus frappé par le tsunami, fait partie de ceux-là.

2. Branle-bas de combat

Dans mon service parisien, les personnels formés à l'identification sont activés. Trois seront envoyés au ministère pour assurer la mission ante mortem en relations avec les familles. Trois autres partiront à Phuket assurer la mission post mortem : relevage des corps et autopsies.

Place Beauvau nous rejoignons nos collègues d'Écully qui animent et coordonnent un groupe d'une quinzaine de personnes, policiers et gendarmes. Deux personnes à Écully ont pris en main la formation à l'IVC depuis plusieurs années : Jacqueline R. et Catherine C., respectivement commandant et major de police. Ces deux femmes très fortement investies dans cette mission dévorante sont plus que nos formatrices, elles s'assurent en permanence que nous sommes à l'aise pour mener la mission. Nous avons confiance en elles car nous les connaissons bien. Puisqu'elles sont avec nous, nous savons que tout se passera bien.

Une troisième personne que je vois pour la première fois m'étonne au plus haut point. Sèverine P., technicienne de Police technique. Geek de la première heure, elle est chargée, en plus de prendre des familles au téléphone, de renseigner informatiquement les dossiers numériques ante mortem. Elle écrit de la main gauche sur un clavier posé sur la table devant elle, tape en même temps de la main droite sur son ordinateur portable personnel posé sur sa cuisse pour répondre aux messages de ses nièces, et comme si cela ne suffisait pas, elle parle aussi avec le commissaire qui lui demande de faire un point sur le logiciel qui va être utilisé. Cerise sur le gâteau, elle nous salue d'un large sourire quand nous entrons, tout ceci le plus naturellement du monde !

Jacqueline, avec sa force et le charisme doux qu'elle dégage, coordonne le travail de tous. Cathy, en coureuse de fond énergique qu'elle est dans sa vie sportive tient le secrétariat, un poste très important pour la traçabilité des dossiers et leur mise à jour régulière et minutieuse. Elle est intraitable sur l'ordre qui prévaut à son magistère.

Ce sont ces personnes-là que nous avons l'honneur de « coudoyer » comme disait le préfet Lépine, qui rendent plus fort, donnent l'exemple et ont un petit « je ne sais quoi » en plus, poussant le groupe à toujours se dépasser et à aller un peu plus loin.

Nous sommes trois de mon service sur la quinzaine de policiers et de gendarmes présents dans cette salle : David R., Hamed C. et moi-même.

Entre le 28 décembre 2004 et le 10 janvier 2005, nous travaillons plus de douze heures par jour. Nous sommes installés dans une belle salle de réunion, juste à côté du bureau d'un directeur qui vient quelquefois nous rendre visite. Cela nous change des lieux plus spartiates, moins feutrés, que nous fréquentons habituellement lors de ces missions. Boissons, machine à café, viennoiseries et déjeuner au self du ministère. Aucun doute, ici, ils sont meilleurs que nous pour l'intendance.

Les voyageurs-vacanciers qui nous inquiètent et qui sont partis en Thaïlande ne donnent toujours aucune nouvelle à leur famille. Les endroits où ils sont censés se trouver sont souvent dévastés. L'inquiétude légitime ressentie dans leur entourage nous pousse à ouvrir les premiers dossiers ante mortem.

Toutefois, à peine ouverts, certains de ces dossiers sont aussitôt refermés. De bonnes nouvelles tombent au goutte à goutte, comme cette voyageuse solitaire qui est passée en Birmanie pour aller voir les tigres, sans en aviser quiconque et sans s'inquiéter de l'état d'esprit dans lequel pouvaient se trouver ses parents, la croyant toujours en Thaïlande.

Nous avons maintenant une liste assez fiable des noms des disparus triés au ministère des Affaires étrangères, par la CIAV[1]. Les familles ayant à déplorer un proche disparu ont contacté le numéro vert du Quai d'Orsay, ouvert au public à grand renfort de communication médiatique. Cette liste se monte autour d'une centaine de victimes. Mais rien n'est définitif, ni à la hausse ni à la baisse.

Les vacances scolaires sont terminées. Plusieurs familles ne sont pas revenues. Des appartements sont vides, des maisons silencieuses, des collègues de travail anormalement absents, des élèves manquent à l'appel. Dans cette cellule ante mortem, comme chaque fois, nous procédons au renseignement des dossiers toujours en contact avec les familles. C'est nous qui les appelons, la première fois.

Chaque opérateur donne son prénom et son nom de manière à créer un lien privilégié avec la personne qu'il contacte. Ainsi, si elle doit rappeler, elle peut demander son référent sans avoir à répéter toute sa douloureuse

1. Cellule interministérielle d'aide aux victimes.

histoire. Une fois affectés à ce groupe, nous y restons du début à la fin. C'est un travail très éprouvant psychologiquement. Les premières fois nous appréhendons un peu les relations qui vont se nouer entre nous et nos interlocuteurs. L'angoisse de faire un numéro de téléphone, l'attente de la tonalité et du premier mot de la personne qui décroche. C'est toujours un moment très fort.

Qu'allons-nous lui dire ? Comment va-t-elle réagir ? Comment doit-on se comporter face à quelqu'un qui est souvent paniqué, peut-être seul chez lui, dans l'attente jour et nuit de la moindre petite information positive ? Nous aussi nous aurions envie d'y croire, mais malheureusement nous savons très bien que les heures et les jours à venir, verront tout espoir s'amenuiser.

Après un temps de présentation réciproque, nous échangeons quelques mots autour de cette vive souffrance de ne rien connaître de la position des disparus. À chaque fois, je ressens la dignité dans les voix tremblantes. Les familles ne veulent rien lâcher et je sens bien, depuis l'autre côté du téléphone, qu'elles placent encore beaucoup d'espoir en nous. À ce stade, nous sommes leur dernier recours.

J'essaye de mieux connaître celle ou celui qui doit me renseigner. Son lien de parenté ou de proximité avec la personne disparue est important à déterminer.

Tout d'abord, un parent ne parle pas de son proche comme le ferait un simple ami. Ensuite, au sein même de la famille, certains renseignements sont plus difficiles à obtenir en fonction du degré de parenté. Dans un couple, un conjoint connaît souvent très bien le dossier médical de l'autre, et donnera sans difficulté les coordonnées d'un médecin ou d'un dentiste qui nous sont nécessaires. Une opération subie, un tatouage discret, un signe physique distinctif, tous les détails comptent.

Mais si l'interlocuteur est le seul grand-père de toute une famille disparue, il sera dans l'incapacité, sur ces points particuliers, de répondre utilement. Je reste positif en toutes circonstances. Il faut rassurer, ne pas trop entrer dans le pathos, sans toutefois se tenir trop éloigné. L'exercice se fait sur le fil. Nous savons bien l'un et l'autre que nous allons devoir nous avouer les choses. Tout en prenant une feuille ante mortem, j'explique les rubriques que nous allons renseigner ensemble. J'explique que plus j'obtiendrai de renseignements précis, plus il y aura de chance de retrouver l'être aimé disparu. Je n'ai jamais eu un seul problème avec aucune de ces personnes.

L'entretien est plus ou moins long la première fois, mais il faut bien compter un minimum d'une trentaine de minutes par personne déclarée disparue. Nous ne chronométrons rien, bien évidemment. Le temps ne compte plus, seule la confiance réciproque est de mise.

Ce premier appel suffit rarement à nos exigences et nous convenons d'un numéro de téléphone ou d'une adresse mail pour rester en contact. De notre côté, nous sommes toujours disponibles à l'accueil de toute documentation complémentaire.

Un rapport très fort s'instaure au fil des jours avec ces personnes. Nous entrons dans leur intimité, et elles s'ouvrent à nous alors que, souvent, elles n'ont jamais eu à le faire.

Suite à diverses missions ante mortem, j'ai eu plusieurs demandes de rencontre physique faites par les familles. Elles pensent ainsi pouvoir se rapprocher des enquêteurs et espèrent obtenir le maximum, montrer leur coopération totale, ou souhaitent simplement nous remercier. Ceci est impossible, interdit même dans notre protocole. Nous ne pouvons en aucun cas devenir amis avec elles. Nous devons toujours garder un filtre entre elles et nous. Nous n'allons pas aux enterrements, nous refusons de les rencontrer par la suite et ne répondons à aucune de leurs sollicitations ultérieures.

Aucune de ces missions n'est neutre pour les enquêteurs. L'impact de poursuivre une relation de proximité avec les familles des victimes pourrait entretenir le policier dans les sentiments de souffrance et de deuil propres à d'autres et dans lesquels il n'a pas à s'impliquer. La séparation d'avec ces familles est une manière de clore la mission.

Toutefois, quelques membres de ces familles sont invités à venir au ministère, mais juste pour nous donner leur ADN. Nous prélevons des cellules sur les parois intérieures de leurs joues, par un frottis à l'aide d'une sorte de sucette râpeuse.

Chaque fois que, dans la salle, l'un d'entre nous raccroche son téléphone, il y a un temps, un vide et un soupir. Une sorte d'apnée, comme le plongeur qui refait surface des profondeurs. Pourtant, nous venons bien de parler à quelqu'un de vivant, mais notre pensée est plus forte et nous entraîne vers l'âme de celle ou de celui dont nous venons d'évoquer l'absence.

Au fond de moi, je crois que c'est l'instinct primaire du technicien de scène de crime que je suis qui remonte à la surface et me fait entrevoir un destin funeste.

Une fois ce dossier complété, nous nous rapprochons du secrétariat tenu par Cathy. Elle nous donne un numéro ante mortem et une chemise neuve, en papier jaune, pour y ranger nos notes et nos informations.

Puis nous apposons du scotch sur une nouvelle feuille de paperboard qui, avec beaucoup d'autres, retapisse les murs de la salle. Le nouveau nom apparaît, accompagné de son numéro qu'il conservera. Il commence toujours par 33 qui est l'indicatif de la France. Vient ensuite le numéro donné par Cathy. Exemple : DURAND Jacques. AM : 33/070, comme étant la soixante-dixième personne déclarée disparue pour la France.

Une pause-café, un petit gâteau à grignoter et déjà un autre numéro à appeler.

Par ailleurs, et en fonction de nos besoins, nous demandons à nos collègues de la Police scientifique basés partout sur le territoire de se rendre au domicile des personnes disparues pour effectuer les prélèvements qui nous manquent. Ceci afin de composer une sorte de « banque » de données ante mortem.

Ils recherchent alors au domicile de la personne en question, les empreintes digitales sur les objets du quotidien, prennent dans la salle de bain sa brosse à cheveux et sa brosse à dents pour l'ADN, et se renseignent auprès des médecins et dentistes, s'ils le peuvent, pour obtenir les dossiers médicaux.

Nous appelons également les préfectures où nous savons qu'un dossier de demande de carte d'identité ou de passeport a été déposé. Nous obtenons ainsi les empreintes digitales relevées lors de la demande du titre d'identité.

Jacqueline explique à des journalistes venus nous filmer : « Le contact avec les familles est difficile. Ce contexte est un peu similaire à celui de Charm el-Cheikh[2], sur le fait que des familles entières ont disparu. La seule différence réside dans le fait qu'à Charm el-Cheikh, toutes les familles sont mortes lors du crash. Ici, pour le tsunami, un ou deux membres ont pu échapper au drame. »

Effectivement, il y a 95 morts français, et certains sont retrouvés et identifiés directement sur place par ceux qui les accompagnent et qui ont réchappé au drame. Mais 76 noms restent introuvables. Nous sommes marqués par le sort de ces familles dévastées. C'est le cas de la famille Titeux, originaire de Sarreguemines. Marc et Yolande Titeux, les parents, leur fille Frédérique et ses deux enfants Marc-Vincent, 18 mois, et Cara, 5 ans, ont péri à l'Hôtel Sofitel de Khao Lak. Flore, la sœur de Frédérique, a eu la vie sauve car sa mère lui avait demandé d'aller acheter des cigarettes. Son beau-frère et son mari s'en sont sortis également.

2. Crash de l'airbus de la compagnie Flash Airlines ayant eu lieu le 3 janvier 2004 à Charm El-Cheikh, en Égypte : 148 morts.

3. Le chaos et l'horreur

Le 29 décembre, trois jours donc après le drame, une équipe du 36 est partie en Thaïlande pour assurer le début de la mission post mortem. Nous l'avons déposée à l'aéroport de Roissy avec ses cantines et son matériel. Elle sera de retour le 19 janvier. Sylvie G., Jean-Luc P. et Alain C. vont rejoindre sur place, à Phuket, une équipe d'Écully et des gendarmes de l'IRCGN.

Le premier commandement de la délégation française est placé sous l'autorité du commissaire divisionnaire Philippe M., chef du SCIJ d'Écully.

Tout au début, l'effort des recherches de la mission France, porte sur le site de Takua Pa, au nord de Khao Lak. C'est loin de sa base, il faut s'y rendre en hélicoptère militaire. Une grande partie de la route du littoral est dévastée et impraticable.

Dans le temple bouddhiste le plus proche, les corps sont déposés à même le sol dans des linceuls de fortune, composés de tissus ou de bâches mortuaires en plastique blanc. Il fait 35 degrés. Afin de ralentir la décomposition des corps, de la carboglace est déposée autour d'eux, ce qui ne les empêche pas de gonfler, de noircir, et à leur épiderme de se décoller des chairs. L'odeur est insoutenable. Des Thaïlandais arrosent régulièrement le site avec des pulvérisateurs remplis de produits censés protéger des épidémies que tout le monde craint.

Il faut attendre des containers réfrigérés qui seront la seule solution adaptée à une conservation optimale des corps. Dans un premier temps, les Thaïs font ce qu'ils peuvent. Ils trient ceux qui leur semblent être des « Occidentaux » parmi l'ensemble des cadavres. Ils retirent les bijoux ou les valeurs qui se trouvent sur les victimes.

Le temple est désorganisé car ici rentre qui veut. Tout le monde recherche ses proches. Beaucoup de volontaires, de jeunes gens en vacances, aident et transportent des corps. Les autorités donnent des ordres avec des haut-parleurs, c'est un capharnaüm terrible.

Il n'y a pas de zone bien délimitée qui sépare l'espace de vie et celui de l'entreposage des corps. C'est un très gros problème en matière d'hygiène. Au cours de la journée, les gens déposent leurs habits et leurs bottes et vont manger, sans autre forme de protocole sanitaire et de protection.

À l'hôtel de police de Phuket, un groupe de coordination se forme et organise la communauté internationale qui arrive en nombre avec ses spécialistes. Les autorités Thaï et d'Interpol tentent de reprendre la main. Interpol déploie sa logistique en termes de moyens et de communication.

Le moral des familles s'assombrit

À Paris, durant les premiers jours, tout se passe bien. Les familles accèdent à nos demandes sans difficulté et envoient par mail les documents demandés : photos, adresse du dentiste, détails physiques.

Ces familles dans la douleur, comptent sur nous pour retrouver leurs proches, et c'est bien normal. Au mieux, elles pensent que nous pouvons les retrouver vivants, qu'ils sont sûrement quelque part où ils ne peuvent pas donner de nouvelles rassurantes. Elles sont persuadées que ce n'est qu'une formalité pour une Police scientifique moderne.

Mais il ne s'agit pas de recherches classiques. Cette scène de crime est très particulière car la nature est la seule responsable de l'événement. La mer a pris ce qu'elle estimait être son dû. Elle n'est nullement soumise à nos lois. Aussi, allons-nous pour la première fois dans l'histoire de la Police forensique[1] moderne, regrouper autant de nationalités différentes de policiers spécialisés pour appliquer des protocoles d'identification de victimes mortes dans un contexte de catastrophe naturelle.

Au fil des jours, aucune bonne nouvelle ne parvient aux familles qui s'impatientent. depuis l'autre côté de la chaîne des recherches, Les tensions montent.

« Avez-vous retrouvé notre fils ?

— Pas encore, nous avons tous les éléments et croyez bien que dès que nous le saurons vous en serez avisés. »

Plus tard : « Bon alors, où en êtes-vous ? Mais que faites-vous ? » Quelques jours après : « Nous commençons à en avoir assez d'attendre des nouvelles qui n'arrivent pas ! », « Mon enfant était chef d'entreprise, les assurances me réclament un certificat de disparition », « Que devons-nous dire aux employés qui attendent à la porte ? Qui va payer les fournisseurs et qui va gérer l'entreprise ? », « C'est une honte, vous ne faites rien. Je vais écrire au président de la République », « Je suis anglaise, j'habite en France et je préférerais que ce soient les Français qui s'occupent de la disparition de ma fille, plutôt que Scotland Yard »,

1. De l'anglais *forensic*, qui concerne l'usage de la science dans le cadre des actions légales.

« Puis-je venir vous voir pour vous expliquer ? », « Dois-je me rendre sur place pour aider aux recherches ? »…

Toutes ces questions sont légitimes. Malheureusement, nous ne pouvons pas proposer d'autre aide que de les orienter vers les services de l'État ou les associations d'aide aux victimes chargés de les aider dans ces domaines. Pour notre part, à ce stade de l'enquête, en attendant les résultats des analyses nous n'avons à proposer que de l'écoute et de l'empathie.

« Le temps qui passe, c'est la vérité qui s'enfuit », dit Edmond Locard. Il a raison. Cet adage n'est pas connu des familles mais je crois qu'au fond d'elles-mêmes, c'est ce qu'elles redoutent le plus. La séparation définitive et inexpliquée du sang de leur sang, l'oubli dans l'impuissance générale.

Nous devons retrouver les corps et les identifier. Il faut que les familles soient persuadées que les services de l'identification travaillent toujours pour elles et pour le souvenir de leurs disparus. Nous ne baissons jamais les bras.

Un début d'organisation en Thaïlande

Durant le premier mois, il faut déterminer et identifier les besoins sur le terrain. Les personnels scientifiques arrivent en masse mais on ne sait pas où les envoyer et pour quoi faire. C'est désastreux. Notre service envoie quatre fonctionnaires du 18 janvier au 7 février : Alain D., Gérard D., Thierry P. et Franck S.

Au sein du groupe médico-légal, un protocole est rédigé et co-signé par l'ensemble des pays. Sur les sites commence alors un référencement et une sommaire description des corps. On initie ce qu'on appelle « les mains sales » pour ceux qui manipulent et « les mains propres » pour ceux qui écrivent et remplissent les dossiers papiers. Toutes ces notes sont ensuite intégrées dans un logiciel, et un CD-rom de chaque dossier est gravé.

L'Australie et la Nouvelle-Zélande sont arrivées avec des experts en identification mais aussi des logisticiens et beaucoup de matériel. Nous sommes ici dans leur zone d'influence géostratégique de l'Océanie. Ces deux pays montent une salle d'examen des corps dans une salle du temple.

De son côté, l'équipe française reçoit quatre tentes gonflables climatisées. Elle bâtit la seconde chaîne d'examen des corps et coordonne ses moyens avec ceux de l'Australie et de la Nouvelle-Zélande.

Éric Théry est envoyé sur place avec Guillemette D., ma cheffe de section, du 8 au 28 février. Éric, qui s'occupe de la formation et de la communication à notre service, entreprend alors de tourner un film de toutes les étapes cruciales sur la durée de cette mission extraordinaire. Ce film « institutionnel » d'une durée de 34 minutes est le seul, à ma connaissance, qui ait été fait par un service de Police scientifique sur cet événement.

Il prend des images de tout ce qu'il peut et demande à ceux qui lui succèdent, au cours de l'année 2005, de lui fournir images et films pour son montage final.

Ainsi, le commissaire, chef de la première mission française, raconte qu'il aura fallu d'abord se transformer en terrassier, puis en menuisier pour construire la grande tente et la poser sur une dalle étanche. Ce sera, selon lui, un bon facteur de cohésion avant d'attaquer la tache même de l'identification. Notre collègue parisien Alain C., ancien légionnaire, est à son aise dans l'exercice.

Pour ces premières équipes, comme pour les suivantes qui se succèdent toutes les trois semaines, jusqu'à l'automne 2005, le travail sera fait dans un fort esprit de camaraderie et de bonne humeur, dit le commissaire. Parler d'esprit de camaraderie, soit, mais de « bonne humeur » ? Est-ce vraiment l'expression juste ? Oui, je crois. Comme je l'ai déjà dit, durant les missions les plus difficiles techniquement et les plus éprouvantes psychologiquement, la bonne humeur est salvatrice, réparatrice, indispensable. C'est une force.

Les Français dans la course

Le 5 janvier 2005, les premiers corps sont examinés sous une tente française. Le protocole est le suivant : dans une première tente on procède aux relevés d'empreintes digitales. Mais les corps ont commencé leur processus de décomposition et, sous l'effet de la chaleur et de l'immersion en milieu humide et salin, l'épiderme se détache comme les doigts d'un gant en latex. Les dactylotechniciens nettoient ces lambeaux de peau graisseux qui présentent encore tous les dermatoglyphes nécessaires, en les lavant puis en les séchant à l'aide d'un sèche-cheveux à l'air froid.

L'opérateur place ensuite son propre doigt dans ce qu'on appelle « le gant de peau » de manière à pouvoir encrer le dessin digital. Ceci est déroutant la première fois. Chaque pays amène son expertise. Par exemple, un Canadien indique comment nettoyer la peau afin de la dégraisser plus facilement. Dans son pays, il a l'habitude de la passer dans une eau chaude savonneuse, tout simplement. Ce sont ceux qui savent faire qui montrent aux autres. Les échanges sont intéressants sur ces chaînes d'autopsies qui s'organisent autour de plusieurs nationalités.

Cela n'a pas toujours été le cas. Tout au début, les différentes nations vont en Asie du Sud-Est pour y rechercher les leurs. Chacune travaille pour elle-même sans trop se soucier du besoin des autres. Interpol est obligé d'y mettre le holà.

Le corps poursuit son chemin sur la chaîne. Il est déshabillé, nettoyé et mesuré. Les éléments personnels se trouvant encore sur lui, comme des bijoux, des tatouages ou des habits, font l'objet d'une grande attention et sont photographiés et décrits.

Puis vient l'ouverture abdominale pour la recherche de séquelles subies par des opérations passées, des ablations de rate ou de rein, par exemple. Chez les femmes, l'état de l'utérus est noté.

Même pour des médecins légistes aguerris, les difficultés sont légion. L'altération des tissus, leur couleur modifiée, la consistance ainsi que la forme ou la taille des organes rendent très prudents ces grands professionnels.

En ce qui concerne les autopsies de potentiels « Occidentaux », le groupe post mortem peut s'appuyer sur des dossiers ante mortem bien connus et bien structurés. Les médecins de famille, qu'ils soient généralistes ou spécialistes, fournissent dès qu'ils le peuvent toute indication concernant la personne disparue. Les dentistes également jouent le jeu. On constatera toutefois dans ces dossiers que les dentistes nordiques et allemands sont les plus rigoureux dans le suivi de leur fiche patient. Ceux des pays se trouvant plus au sud ne notent pas toujours ou ne déclarent pas tous les soins pratiqués.

Mais pour une comparaison odontologique, la première chose à faire est le démontage des maxillaires. C'est très impressionnant mais nécessaire pour que la radiographie et les soins constatés sur les dents soient répertoriés très précisément sur le dossier rose post mortem. On pourra ensuite effectuer la comparaison entre cette constatation factuelle de l'état de la dentition et les dossiers transmis depuis les pays, où on relève les informations ante mortem.

Vient ensuite le prélèvement d'ADN. À ce stade aussi, le bruit est perturbant. On découpe à la scie les os des membres inférieurs pour aller chercher de l'ADN non contaminé dans la diaphyse fémorale. Ce sont 50 millimètres de longueur, qu'il faut gratter et nettoyer de tout tissu mou. L'os devenu blanc et sec est alors placé dans un petit pot stérile, prêt à être envoyé en analyse.

Mais vu le très grand nombre d'analyses ADN à effectuer, qui pourra absorber cette somme de travail et fournir des résultats de qualité ? Un appel d'offres est lancé.

Bien évidemment, sous les tentes, tout le monde est équipé de sa tenue blanche de protection individuelle, de sa capuche, son masque et ses gants. Pour se reconnaître les prénoms sont notés au feutre dans le dos de chacun. Certains y ajoutent un signe distinctif. L'un a dessiné un os à côté de son prénom et le terme « *Mortuary* » siglé à l'intérieur. Cette tâche, appelée le « *Mortuary service* », consiste à gérer uniquement le mouvement des corps et le contrôle qualité. On s'assure que tous les examens ont bien été effectués. Si c'est le cas, le dossier est transmis à l'administration et le corps regagne le frigo. Mais le nombre de corps augmente. On parle maintenant de 4 000 à 5 000 corps retrouvés et qu'il faut autopsier.

Les structures ne sont plus adaptées malgré l'aménagement d'un autre endroit du temple, avec trois chaînes d'examen supplémentaires. Le plus gros problème reste la gestion des corps et la traçabilité.

4. Un nouveau centre d'examen

Il est alors décidé de coordonner l'ensemble des moyens fournis par plus de 26 pays et de construire un autre centre d'identification. C'est la Norvège qui le finance. Il devient opérationnel dès février 2005. Des conteneurs y sont acheminés, de nouvelles tentes et trois modules d'examens plus spacieux y sont montés sur 20 000 mètres carrés. Des bureaux administratifs dans des Algecos, utiles pour la gestion du personnel et des dossiers, sont mis en place.

Chaque container frigorifique accueille les dépouilles sur plusieurs étages disposés en rayonnages de part et d'autre d'un chemin central. Ils sont mis sous scellés et cadenassés.

Tous les corps sont disposés dans des bâches mortuaires sur lesquelles on écrit un numéro post mortem. Souvent, ce numéro s'efface du fait de la chaleur, de la décomposition des corps et surtout de leurs éléments graisseux qui souillent ce linceul de plastique. Il faut trouver d'autres solutions, accrocher des pochettes transparentes dans lesquelles on place les fiches post mortem portant les indications de la traçabilité du corps, ainsi que le CD-rom gravé qui contient l'intégralité du dossier.

L'odeur est insoutenable, je le répète, mais c'est une réalité quotidienne qui s'imprime en chacun des opérateurs, comme une marque indélébile. Même si le personnel s'habitue. Le soir, il y a toujours la table du réconfort autour de la délicieuse cuisine thaïe.

Au fil du temps, les corps conservés dans de meilleures conditions ressemblent à des momies amaigries, méconnaissables et souillées. Les spécialistes passent leur temps à les laver avant chaque acte.

Le centre névralgique

Chalong Bay est à dix minutes au sud de Phuket. On s'y rend en navettes spéciales depuis le centre-ville. On y trouve le site dédié à l'Information Management Center (IMC). Dans le bâtiment qui héberge ce service sont réalisées les corrélations entre les dossiers ante mortem envoyés par tous les pays réclamant des disparus, et les dossiers post mortem complétés sur les chaînes d'autopsie des centres d'examens.

Il ne faut pas s'y tromper, c'est le vrai centre névralgique de toute l'identification. C'est ici qu'il faut être pour connaître exactement ce qu'il se passe dans cette mission en Thaïlande. Un commandant et son adjoint sont à la tête d'un organigramme très précis. Mais c'est le point noir des Français.

Dès le début, c'est la foire d'empoigne. La plupart des postes importants sont occupés par les Allemands. Leurs collègues étrangers leur reprochent de ne pas toujours suivre les protocoles établis et de chercher uniquement des Allemands.

Des amitiés plus latines se lient, mais la coopération entre les Français, les Italiens et les Espagnols pour tenter d'identifier les leurs reste infructueuse.

Tous les midis, de petits restaurateurs de rue viennent vendre leur cuisine, très goûteuse et pas chère, sur le site de l'IMC. C'est un horaire très attendu par beaucoup. Une pause douceur au royaume de la mort.

Toutes les nations concernées par le tsunami sont représentées au sein de cette unité. Il y a ici 400 spécialistes pour 25 nationalités. C'est un bâtiment simple, avec de grands espaces partagés. Dans cette fourmilière gorgée d'ordinateurs grouillent les spécialistes en empreintes digitales, les biologistes, les dentistes et des zones où l'on photographie effets personnels et bijoux. Le tout placé sous le regard impartial d'une direction des opérations générales anglo-saxonne.

Le rôle d'Interpol est majeur dans cette affaire. Tous les pays ont accepté de lui communiquer leurs dossiers. Toutefois, l'organisation se heurte à un problème de taille : seuls les fichiers fournis par les Scandinaves sont compatibles avec le logiciel PlassData qui établit les rapprochements entre les dossiers AM et PM. Ceux des autres pays doivent être intégrés manuellement. C'est un travail très chronophage.

Premiers résultats au bout de deux mois

Il faudra attendre un mois, le 26 février 2005, pour que soient identifiés 17 Français.

Le protocole établi favorise les pays qui disposent de fichiers civils en odontologie, ADN ou dactyloscopie. Ce n'est pas le cas de la France. Ses seuls fichiers d'ADN et d'empreintes sont ceux de la Police nationale, qui regroupent uniquement des personnes mises en cause judiciairement dans des affaires de crimes ou de délits. Quant aux préfectures, elles ne disposent pas non plus d'un réseau informatique pouvant retrouver facilement l'origine et l'identité d'une personne décédée et autopsiée en Thaïlande.

Au domicile d'une disparue

Il fait beau en ce mois de mars. Je ne suis pas de permanence, et tout est paisible dans ma section de la dactylotechnie. J'en profite pour traiter mes dossiers en retard, mais mon esprit est ailleurs. Dans une heure, j'ai rendez-vous avec la mère d'une personne disparue lors du tsunami, Natacha Z. Je dois me rendre à son domicile pour y effectuer des recherches d'empreintes digitales et faire des prélèvements biologiques, si cela est possible. Cette jeune femme célibataire de 35 ans, journaliste indépendante, passionnée d'Asie et de dauphins, est partie seule sur l'île de Kho Phi Phi pour y passer Noël. Elle n'est jamais revenue.

J'appréhende un peu l'accueil de sa mère qui m'attend dans son petit appartement baigné de soleil. Non pas à cause de sa peine mais plutôt à cause de son mari, le père de Natacha. Il est journaliste à *Paris Match* où il s'occupe des rubriques mode, cinéma et people. Il a cru utile d'activer ses relations pour tenter d'accélérer et de faire pression sur la marche des recherches, trop lentes à son goût. Sans succès, bien évidemment, même si ses récriminations désespérées sont remontées jusqu'aux étages de nos directions. Crier à la face du monde sa douleur, n'implique jamais que ce monde vous privilégiera.

Comment quelqu'un pourrait-il influencer le travail d'une trentaine de pays affairés autour de plus de 5 000 corps dépourvus de leur identité ? Natacha, pour l'heure, si elle est parmi eux, est toujours introuvable.

Élisabeth m'ouvre la porte de ce logement vide depuis deux mois. Je me souviens encore parfaitement de ce petit appartement très paisible, inondé de lumière, très bien ordonné, très agréable, comme une chambre de petite fille sage. Des petits bouts de papier, des phrases poétiques sont épinglés aux murs. Ces mots sont comme les cailloux blancs du Petit Poucet, abandonnés ostensiblement sur les murs pour montrer le chemin.

Peut-être devrais-je suivre cette piste en les prélevant pour y rechercher les empreintes digitales de Natacha, que nous ne possédons pas pour l'instant. Quelques photos heureuses complètent l'univers doux de l'absente. Il règne ici une énergie que je ne m'explique pas. Je prélève les empreintes et ADN sur divers objets. On verra bien.

Élisabeth est calme, digne, très courtoise, et me dit qu'elle est chaque fois bouleversée lorsqu'elle revient ici. Elles étaient très fusionnelles, elle et sa fille, et je vois bien que chez cette femme, une lumière d'espoir s'est éteinte. Elle n'est plus que la moitié d'elle-même. Nous nous quittons. Elle me tend la main avec un regard triste. J'espère que Natacha reviendra parmi les siens, d'une manière ou d'une autre.

Les gendarmes ont la bonne idée

Du côté de Phuket, Hamed C. et Isabelle C. relèvent de leur tâche l'ancienne équipe. Ils doivent y rester du 12 avril au 2 mai.

Le groupe français piétine toujours et peine à identifier nos ressortissants. Ils ont une idée derrière la tête mais va-t-elle être acceptée ?

Ils pensent qu'en se rabattant sur les identifiants secondaires, comme les bijoux, ou les vêtements, des rapprochements de dossiers ante et post mortem pourraient avoir lieu. Mais pour y parvenir il faudrait intégrer les postes décisionnels de l'IMC, et ce n'est pas gagné d'avance. Intégrer le comité exécutif où se prennent toutes les décisions les plus importantes, voilà l'objectif ! C'est déterminant, mais comment faire ? Les gendarmes font part de leur stratégie à l'ambassadeur de France, à Bangkok, le brillant et regretté Laurent Aublin.

Le diplomate, très expérimenté et fin négociateur, fait alors le forcing auprès des autorités officielles, ce qui permet enfin aux Français d'être représentés à l'IMC. C'est malin et bien joué.

Très peu de temps après, une petite fille de six mois est identifiée grâce à son maillot de bain qui correspond à une photo où on la voit qui le porte. Les coupures des motifs de fleurs par rapport aux coutures, correspondent exactement au maillot retrouvé sur le corps et à la photo.

Un dossier est établi, la commission décide d'un réexamen. Quatre jours après, le résultat tombe. Elle est identifiée formellement par confirmation de son ADN et restituée à sa famille. C'est le premier corps qui sort de cette manière de l'IMC. Un gendarme relate cette affaire à Éric Théry. Les gendarmes sont heureux.

Par la suite, les cas s'enchaînent. Les autres nations font de même. Il faut être pragmatique, les gendarmes l'ont compris.

Du 2 au 25 mai, c'est au tour d'Éric D. et de David R., de notre service, de se rendre à Phuket pour y assurer respectivement les fonctions de spécialiste au fichier des empreintes digitales et au secrétariat. Puis ce sera Florence G. qui prendra leur succession du 12 juin au 6 juillet.

5. Mon stage de coordinateur

À Paris, nous gardons un œil sur ce qui se passe en Thaïlande, mais nos missions du quotidien nous occupent pleinement. Nous enchaînons les permanences, les affaires criminelles et les stages.

Ainsi, mon patron Richard Marlet m'envoie du 23 au 26 mai 2005 au premier stage de coordinateur de Police technique et scientifique, à Écully. En voyant la liste des participants, je m'étonne auprès de lui de son choix sur ma personne. Je suis le seul gardien de la paix dans ce groupe de vingt stagiaires, constitué d'officiers, pour la plupart chefs des services départementaux d'identité judiciaire où ils exercent. Il me répond : « Moi aussi je suis chef, et tu crois peut-être que c'est moi qui vais me lever à 4 heures du matin pour aller sur une scène de crime faire ton boulot ? » Je ris de sa repartie, mais je sais qu'il a raison. En revanche, il n'est pas chef au même titre que les autres : lui, il gère un service de deux cents personnes.

Plusieurs réunions préparatoires se sont déjà tenues entre juin 2003 et juin 2004, réunissant divers services de PTS du territoire, chargés de mettre au point cette formation innovante (SRIJ de Paris, Bordeaux, Marseille et Versailles, et le Laboratoire de Paris).

La présentation d'usage nous est faite par le commissaire Jérôme Le Magen, adjoint au chef du SCIJ d'Écully, qui a dirigé notre groupe ante mortem au ministère, en janvier.

Ce stage ne consiste pas à former techniquement les gens qui sont présents. On considère qu'ils ont déjà tout le bagage et l'expérience nécessaires. On va leur inculquer ce que doivent être leur positionnement, leur organisation et leur management lors d'une scène de crime majeure ou complexe.

Christophe Champot, l'adjoint au directeur de l'École des sciences criminelles de Lausanne, nous présente son Institut de Police scientifique créée en 1909 par Rodolphe Archibald Reiss, le fameux criminologue, pionnier de la photographie médico-légale et fondateur de cette première école de criminalistique au monde.

Il définit le coordinateur comme un « évaluateur » qui agit avec impartialité, cristallisant les hypothèses, agissant à charge et à décharge, garant d'un taux d'erreurs faible, documenté et assistant les autres quand ils prennent leurs décisions. Sacré programme. Il ajoute que le coordinateur doit être également un pré-évaluateur de la compréhension des faits, des besoins et des moyens. Il doit penser au pire avant, et non quand il arrive. Il est enfin post-évaluateur en coordonnant les réponses des laboratoires et en conseillant la magistrature.

Le 24 mai, mon patron, le commissaire divisionnaire Richard Marlet, intervient dans notre formation pour expliquer sa position concernant les techniques de mise en œuvre au sein de l'IJPP pour le traitement d'infractions majeures, les matériels employés, l'organisation humaine déployée et les méthodologies utilisées. Il décrit les manques passés et la nécessité qu'il y aurait eue d'avoir, dans une époque moderne, un coordinateur dans des affaires marquantes traitées par notre service au cours des dernières années.

Il évoque les affaires Thierry Paulin, l'assassin des vieilles dames, Guy Georges, le tueur de l'Est parisien, Richard Durn, l'auteur de la tuerie à la mairie de Nanterre, l'évasion spectaculaire d'Antonio Ferrara de la prison de Fresnes, ou les attaques en série des fourgons à la période de Noël.

En ce qui concerne ces attaques répétées des « tirelires », comme nous appelions communément les fourgons blindés, ou des camions gorgés de cadeaux de Noël, nous étions passés maîtres dans l'art de leur analyse sous toutes les coutures.

En écoutant Richard Marlet évoquer les affaires majeures auxquelles un service d'identité judiciaire peut être à tout moment confronté, l'assistance pense aux attentats du RER Saint-Michel, à Paris, en 1995, et surtout à celui du 11 septembre 2001 à New York. Le discours du commissaire Marlet impressionne beaucoup l'auditoire. Il vulgarise bien les choses, évoque tout un tas d'anecdotes, plaisante même, mais ces affaires parisiennes restent le haut du pavé. La plupart des gens dans la salle n'ont jamais eu affaire à de telles histoires. Parler d'attentats majeurs, qui plus est comme ceux du 11 septembre, n'est-ce pas un peu exagéré ? Mais qui peut jurer que rien de tel ne pourrait arriver chez nous ?

Vincent Auger, vice-procureur de Lyon, intervient à son tour. Il évoque le manque de connaissances de la magistrature en matière de Police scientifique. « Pourtant, dit-il, c'est bien sur elle que les procureurs et les juges d'instruction s'appuient dans bien des affaires. » Il se pose la question de l'ouverture d'informations, du choix du service saisi et du cadre juridique qui, continue-t-il, interrogatif, pourraient peut-être changer de qualification si les magistrats maîtrisaient mieux cette matière. Il rappelle que ce sont les tribunaux qui paient les analyses, assénant que les budgets ne sont pas extensibles. Lors de l'affaire de l'incendie du tunnel du Mont-Blanc, le 24 mars 1999, tout le budget de l'année du tribunal de Bonneville est passé dans cette seule affaire. Idem pour le renflouage du chalutier *Bugaled Breizh*, coulé à Brest.

Il fait la différence entre les frais de justice fixés par le Code de procédure pénale, les autopsies, les cadavres frais ou putréfiés, et les forfaits qui s'appliquent. Mais pour le reste, dès qu'on entre dans une affaire extraordinaire, les frais s'affolent et deviennent, eux aussi, extraordinaires.

Je fais cette parenthèse, pour expliquer au lecteur que tout à un coût. Même le traitement des affaires criminelles, petites ou grandes.

Puis intervient le médecin légiste de Lyon qui nous explique que le substitut de Besançon, Jean-Yves Coquillat, lui a dit qu'il voyait apparaître des demandes de contre-expertises par les familles ou les parties civiles, à leurs frais.

Les avocats demandent de plus en plus aux légistes ce qui a été fait ou a été laissé de côté. Cet homme de l'art estime qu'on entre dans une « déviance » à l'américaine, mais que c'est peut-être un bien. Tout cela, selon lui, implique que les premiers intervenants doivent se montrer les plus professionnels possible afin que les affaires soient bien ficelées.

Pour finir, le praticien s'inquiète des frais de justice trop faibles et du trop peu d'importance accordé à son travail. Il n'y a plus de volontaires à Lyon pour assurer ce service. Ils ne sont plus que quatre et mal payés. Enfin, c'est au tour du laboratoire de Police scientifique de Lyon de présenter son activité et son ressentiment.

On nous parle de problèmes de contamination occasionnés par les intervenants sur les scènes de crime. Il n'y a plus de groupage sanguin, trop peu discriminatoire. Maintenant, c'est la génétique qui prévaut. S'ensuit un cours sur l'ADN et toutes les méthodes de prélèvement des différents indices et traces biologiques qu'on peut rencontrer sur une scène de crime.

Bien entendu, on ne nous épargne pas la critique des laboratoires privés et payants, que certains services criminels sollicitent parfois lors de leurs enquêtes, ou beaucoup plus souvent, voire systématiquement comme la brigade criminelle parisienne. Évidemment, le laboratoire aujourd'hui bordelais créé par le professeur Christian Doutremepuich, tient toute la place autour de ces discussions.

Le représentant du laboratoire de Police scientifique de Lyon semble sortir du cadre de ce stage, à l'origine plutôt consacré au positionnement du coordinateur. On voit qu'il manque de pratique de terrain. Lui est plus concerné par le contrôle qualité, une propagande autour de sa boutique et de ses propres protocoles. Il nous fait une sorte de « rappel à la loi ». L'histoire lui donnera raison. Dix ans plus tard à peine, les normes ISO[1] européennes, les contrôles qualité et autres accréditations COFRAC[2] envahiront nos laboratoires.

Ce stage de coordinateur est primordial dans ma formation. J'y apprends bien évidemment, les techniques

1. International Organization for Standardization (Organisation internationale de normalisation), éditrice de plus de 19 500 normes internationales dans 159 pays.
2. Né en 1994, organisme d'État, le Comité français d'accréditation délivre des attestations reconnaissant les compétences et l'impartialité des organismes ou des structures, comme les laboratoires de police.

nouvelles de l'époque comme le test Hexagon[3], le Bluestar (Luminol) permettant la révélation de traces de sang effacées, le début de l'ADN mitochondrial, mais surtout la stratégie politique du positionnement.

Il est très important pour chacun, dans son métier, de connaître parfaitement l'historique des pratiques. Et c'est encore mieux si l'on connaît les pratiques des métiers de ses interlocuteurs. La cerise sur le gâteau, c'est d'avoir une idée sur ce que pensent les uns et les autres. Encore mieux, la cerise et la crème chantilly : de savoir ce que pensent les uns des autres.

*

* *

Depuis 1994, j'exerce en Police scientifique et j'ai toujours aimé former les nouvelles recrues. Lorsque j'arrive de la Préfecture de Police à l'identité judiciaire, en 2000, je découvre que je suis moi-même toujours en apprentissage. J'ai beau participer aux plus belles affaires, connaître les enquêteurs les plus perspicaces, être technicien de scène de crime, formateur, coordinateur et membre du groupe IVC, j'ai toujours quelque chose à apprendre, toujours un manque dans un domaine particulier, toujours un petit sentiment d'illégitimité. Cette matière vivante n'en finit jamais d'évoluer et je cours après.

3. Test ressemblant à un test de grossesse, mais réagissant uniquement au sang humain.

6. Sur le terrain, à Phuket

Fin mai début juin 2005 les examens de corps arrivent à leur terme, il aura fallu plus de cinq longs mois pour effectuer ce travail primordial. Une grande partie des prélèvements bio est allée à des labos spécialisés dans l'analyse des échantillons osseux dont l'ICMP (International Commette for Missing Persons) de Sarajevo en Bosnie, ainsi qu'au laboratoire de génomique de Beijing (Pékin).

Au début, les Chinois ont du mal à fournir des résultats de qualité. Ils se plaignent que les prélèvements leur arrivent dégradés ou mal conditionnés. Il faut recommencer la manœuvre. À Phuket, on pense, au mieux, que leurs protocoles ne sont pas au point, au pire qu'ils ne savent pas travailler l'ADN dégradé. Toutefois, après des réglages nécessaires, leurs résultats s'améliorent.

En revanche, les Bosniaques sont plus forts. Et pour cause, la guerre des années 1990 entre Bosniaques, Serbes et Croates a laissé des centaines de fosses communes clandestines et de charniers. Les milliers de corps retrouvés ont dû être identifiés. Dans ces conditions forcées, L'ICMP a développé des techniques d'analyse convenant pour de l'ADN fortement dégradé. Ce laboratoire est donc un des plus adapté aux analyses demandées pour le tsunami.

Après de longues semaines et de longs mois d'attente, les retours d'analyses commencent à arriver. Pour certaines nations les identifications sont rapides et presque totales, comme l'Allemagne, la Norvège et la Suède grâce à l'odontologie et au sérieux de leurs dentistes traitants. Pour les victimes françaises, l'identification par l'ADN ne fonctionne toujours pas.

La première démarche qui s'était imposée à nous au cœur du printemps, avait été une visite médicale à l'hôpital des gardiens de la Paix, boulevard de l'Hôpital, à Paris, pour vérifier si nos vaccins étaient à jour et compléter ceux que nous n'avions pas encore, en prévision de notre départ. Les premiers collègues des premières missions avaient été choisis en partie, et à juste titre, sur ces critères.

Dans le contexte de salubrité dégradée en Thaïlande, les vaccins contre la fièvre jaune, les hépatites A et B, la fièvre typhoïde ainsi que le DTP (Diphtérie, Tétanos, Poliomyélite) étaient fortement recommandés voire indispensables. Mais à notre grande surprise, le médecin de prévention nous rétorqua que nous serions vaccinés uniquement si nous partions et sur présentation d'un ordre de mission en bonne et due forme. Nous avions beau lui expliquer que nous appartenions à une unité susceptible de partir du jour au lendemain sur les sites des catastrophes et que, vu le délai nécessaire de carence de dix jours pour une protection optimale contre la fièvre jaune, il serait de bon aloi que nous soyons protégés préventivement, il ne voulut pas en démordre. Il fallut toute notre persuasion et un coup de fil de notre direction pour qu'il accède à notre requête.

Finalement, nous nous sommes fait vacciner, à nos frais, au Centre de vaccination internationale Air France. Une autre lutte s'engagera plus tard, mais cette fois avec notre comptabilité.

Nous décollons de Roissy à bord d'un appareil de la Thai Airways, le dimanche 3 juillet 2005. Arrivés à Bangkok, une petite compagnie locale nous amène à Phuket.

Le collègue qui vient nous récupérer nous amène directement au Metropole Hotel, situé en centre-ville, où nous sommes reçus par le chef d'escadron Jérôme S. de l'IRCGN, chef de la délégation française à cette période. C'est au troisième étage de cet hôtel prestigieux qu'est installée la cellule post mortem.

Jérôme S. dirige une équipe d'une quinzaine de personnes composées de gendarmes, policiers et spécialistes en empreintes digitales ou ADN, venant de différents services de Police scientifique du territoire. Il y a aussi un dentiste et un légiste. D'autres gendarmes, des OPEX[1], non spécialistes de ces compétences, sont utilisés pour des tâches d'intendance et de manutention.

On trouve aussi dans cette cellule un représentant de l'Ambassade de France, chargé notamment d'assurer les liaisons avec les familles et les administrations. Un infirmier français, Philippe, qui a quitté son poste dans les hôpitaux, travaille maintenant pour le compte d'une assurance basée de ce côté de l'Asie, chargée du rapatriement des corps. Il habite à l'année à Vientiane, la capitale du Laos, le pays voisin. Enfin, une employée thaïlandaise de l'Ambassade de France fait office de traductrice en cas de besoin.

Nos missions nous sont attribuées. Je tiendrai le secrétariat dans cette grande salle de réception feutrée et moquettée. Un panneau d'accueil dans le couloir, siglé

1. OPEX : Opérations extérieures.

du drapeau français, indique la présence de la cellule sur une feuille blanche format A4 imprimée « Accueil des Français ». Les doubles panneaux de la porte en bois restent toujours grands ouverts, sauf quand les locaux sont vides. Ils sont alors clos et fermés à clef. Enfin, dans cette salle, un dernier personnage très silencieux assiste à tout ce va-et-vient. Il ne quitte jamais les lieux. Il s'agit de Beryx, le poisson rouge dans son bocal. Lorsque Séverine, que je remplace au poste de secrétaire, me passe les consignes concernant les dossiers restant en souffrance, elle me transmet également la lourde responsabilité de m'occuper de lui. Beryx est le nom de code officiel de la mission française d'assistance et d'identification des victimes en Thaïlande, mais c'est aussi un poisson qui vit dans les grandes profondeurs des eaux chaudes de l'océan Indien. Je ne sais pas qui sont les personnes chargées dans les ministères de trouver les noms des différentes missions, mais ils sont toujours très inspirés.

Installés dans l'hôtel Crystal Inn, à cent mètres du Metropole, nous bénéficions de plus de confort que nos collègues des premières missions qui étaient hébergés dans un des hôtels de passe de la ville, très peu onéreux mais beaucoup moins silencieux que le nôtre. Surtout la nuit.

Tous les matins, durant le petit déjeuner sur la terrasse ouverte sur la rue, nous avons droit au défilé des commerçants poussant leurs chariots à bras remplis de fruits, de fleurs, de cuvettes en plastique de toutes les couleurs. Ils se rendent à la halle du marché, toute proche. J'y passe chaque jour, avant de gagner le Metropole, pour chercher un ou deux colliers de fleurs de jasmin que je dispose sur mon bureau. J'adore cette odeur entêtante que je trouve tellement représentative de la douceur de vivre qui se dégage de ce pays. Je ne suis pas naïf, je sais qu'ici la vie n'est pas douce pour tout le monde, mais pour nous, durant ces missions, elle n'est pas compliquée.

Une journée type

Mes journées de travail se déroulent toujours de la même manière. Le matin, je lis les mails reçus d'Écully. J'y trouve les renseignements que j'ai pu leur demander la veille au soir. Nous réglons avec Jérôme les emplois du temps, les réceptions des familles qui viennent sur place, nous les accompagnons et assistons aux crémations, nous nous rendons sur les différents sites de travail, nous rendons compte à nos directions, et nous attendons que les équipes rentrent de l'IMC. C'est le soir que j'ai le plus de travail. Vers 18 heures, quand toute l'équipe est revenue, une réunion se tient pour que chacun puisse expliquer où en sont les recherches, les identifications, ou bien exprimer les difficultés rencontrées.

Nos fuseaux horaires étant décalés avec la France, pour solliciter Écully, je dois attendre la fin de la réunion vers 19 heures, qui correspondent à la reprise du travail. À Lyon, il est 14 heures.

En règle générale, les demandes que je leur transmets consistent à compléter les dossiers qui restent à identifier, environ une trentaine. Mais c'est de plus en plus difficile. Nous sommes en juillet et chaque jour n'amène pas son lot de nouvelles positives. L'identification par l'ADN ne fonctionne pas pour les Français a contrario des Allemands, des Suédois ou des Norvégiens. Nous devons nous rabattre sur l'odontologie, les effets personnels, ou alors augmenter la qualité des empreintes digitales que nous possédons dans les dossiers et qui proviennent souvent des documents déposés auprès des préfectures – cartes d'identité ou passeports.

C'est sur ce point particulier que je vais amener ma contribution. En consultant minutieusement chaque dossier, je remarque que certaines photos d'empreintes digitales sont floues. Mystère. Je comprends alors pourquoi.

Au tout début de ma carrière à la Police scientifique, j'ai été formé à la prise de photos, au développement des films négatifs, au tirage avec les bains chimiques et à la macrophotographie au rapport 01. On peut dire à l'ancienne.

Le tirage, dit au « rapport 01 », est la photographie des empreintes à leur taille réelle. Ces empreintes des victimes nous sont fournies soit par les préfectures, en regard des dossiers papiers déposés pour la confection des cartes d'identité ou des passeports, soit par les différents services de Police scientifique de France qui se sont déplacés au domicile des victimes, comme je l'avais fait moi-même chez Natacha.

Pour photographier ces empreintes qui font, environ, entre un et trois centimètres carrés en fonction de la taille du doigt, l'opérateur pose juste à côté de l'empreinte, une pige qui est une réglette millimétrée en matière plastique ou en papier. La photographie macro doit se faire avec l'appareil fixé sur un banc de reproduction parfaitement perpendiculaire au plan de travail et jamais à main levée.

Certaines des empreintes qui se trouvent dans nos dossiers sont floues soit parce qu'elles ont été faites à main levée, soit parce que la netteté a été faite sur la réglette millimétrée plus épaisse, et pas au niveau des crêtes de l'empreinte. J'identifie plusieurs de ces empreintes floues et demande au service d'Écully, détenteur des dossiers ante mortem d'où elles proviennent, de recommencer la macro et le tirage. Lorsqu'elles reviennent, elles sont à nouveau rentrées, nettes, dans le fichier de l'IMC de Phuket, et donnent lieu à plusieurs identifications quasi instantanément.

Jérôme S., le chef d'escadron, est très satisfait. Chaque succès est une joie pour l'équipe car nous savons que des familles attendent.

Une fois le travail du soir terminé, je rejoins les autres, dans un des innombrables restaurants. La ville est quasiment vide de touristes, plus personne ne vient. Le traumatisme est toujours prégnant dans toutes les mémoires. Même sept mois après, tout un pays se demande si une vague ne va pas revenir.

Crémation

Ce matin, je dois assister à une crémation. Le représentant de l'ambassade de France a déjà tout réglé. Une partie de la famille française est déjà à Phuket et nous devons la retrouver au temple.

Plusieurs proches des victimes se rendent ainsi en Thaïlande pour un dernier hommage. Pour beaucoup, c'est la première fois qu'ils viennent dans cette région du monde. Ils pensent que leur défunt trouvera la paix éternelle dans le dernier endroit du monde où il a été heureux. Ils vont sur les lieux où se trouvent les hôtels ou bien où les corps ont été retrouvés. Lorsqu'ils repartent, ils semblent plus apaisés. Le deuil fait son chemin.

Le temple est immense. Pour l'instant, tout est très calme. On entend ici que le caquètement des poules qui ont pondu, celui des coqs qui leur répondent et le cri strident du mainate commun, cet oiseau grégaire, bruyant et batailleur. Une pie, d'une variété que je ne connais pas, s'inquiète de me voir filmer les lieux.

Le four crématoire se situe sous un toit ouvert, un auvent construit en hauteur auquel il faut accéder par une volée d'une dizaine de marches. Ici, tout s'escalade. Gravir les lieux de culte ou cérémoniaux est une première façon symbolique, pour un vivant, d'accéder à la félicité éternelle, au Nirvana. Cet espace fait environ 50 mètres carrés.

Une quinzaine de participants s'installent sur des chaises en plastique rouge, installées derrière le cercueil blanc posé sur des tréteaux, face à l'entrée du four. Une tenture verte recouvre la bière surmontée d'une pyramide de fleurs, des dahlias simples ou gerberas jaunes, blancs et roses.

Tout autour du défunt on trouve beaucoup de couronnes. Celle de lys blancs de la famille : « À notre fils et notre frère bien aimés ». D'autres : « The Provincial Red Cross Chapter of Phuket », « Comité de solidarité franco-thaï », « Croix-rouge française », « U.F.E. », « Club franco-siam ».

Quatre moines bouddhistes drapés dans leur toge orange, deux de chaque côté du cercueil, entonnent leurs mantras et leurs prières à côté des tentures bleues qui encadrent la porte du four.

À la suite de ces chants, les employés chargés de la cérémonie distribuent à toute l'assemblée de petits paquets en papier en forme de fleurs que chacun dispose sur le cercueil. Ils contiennent des prières, un dernier cadeau des non-initiés, comme nous, qui accompagnent le mort. Des moines partent. L'un d'eux répond à son téléphone portable en actionnant l'ouverture électrique de la porte

ATTENTAT *CHARLIE HEBDO*

Équipe de la police scientifique de la police judiciaire parisienne procédant aux photographies et aux prélèvements d'indices boulevard Richard Lenoir.

Photo © Ministère de l'Intérieur/J.GROISARD

Véhicule d'un équipage intervenant par l'allée verte et pris sous le feu des terroristes lors de leur fuite. Matérialisation des impacts et des traces à l'aide des cavaliers jaunes.

Photo © Ministère de l'Intérieur/J.GROISARD

Enquêteurs de la brigade criminelle procédant aux constatations judiciaires devant l'entrée des locaux du journal rue Nicolas Appert.

Photo © Ministère de l'Intérieur/J.GROISARD

CATASTROPHE AÉRIENNE *GERMANWINGS*

Photo © Ministère de l'Intérieur/Y.MALENFER

Recherches au point d'impact.

Photo © Ministère de l'Intérieur/Y.MALENFER

Dans une ravine, préparation à l'hélitreuillage d'une bannette contenant des éléments humains.

Photo © Ministère de l'Intérieur/F.PELLIER

Dans le hangar sur les chaines d'autopsies – espace dédié aux dactylotechniciens pour le relevé d'empreintes digitales.

Photo © Ministère de l'Intérieur/Y.MALENFER

L'espace dédié aux photographies des affaires personnelles retrouvées sur la zone.

RUE CORBILLON *SAINT-DENIS (93)*

Les équipes PTS patientent à côté du camion de la BRI attendant le feu vert pour intervenir.

Photo © Ministère de l'Intérieur/F.PELLIER

Équipes PTS d'Écully et de Paris, coordinateur, autorités et policiers pour interdire la zone.

Photo © Ministère de l'Intérieur/F.PELLIER

Gilles Reix et la chasuble jaune du coordinateur PTS.

Photo © Ministère de l'Intérieur/J.GROISARD

Préparation à l'intervention dans l'immeuble de la rue Corbillon avec les équipements de protection individuelle.

Photo © Ministère de l'Intérieur/J.GROISARD

Les équipes de la police scientifique parisienne et celles d'Écully procédant à la fixation des lieux rue Corbillon avant les prélèvements des traces et indices.

Photo © Ministère de l'Intérieur/J.GROISARD

Photo © Ministère de l'Intérieur/J.GROISARD

Photo © Collection personnelle de l'auteur

Gilles Reix sur le parvis du stade de France avant le match amical France-Allemagne.

Photo © Ministère de l'Intérieur/F.PELLIER

Avant l'entrée au Bataclan, les groupes d'enquêteurs de la PJ et de la police scientifique composent leurs équipes.

Photo © Ministère de l'Intérieur/F.PELLIER

ATTENTAT DE NICE *JUILLET 2016*

Un groupe d'IVC ante-mortem composé de policiers et de personnel d'Interpol pour l'accueil et l'aide aux victimes à Nice.

Photo © Ministère de l'Intérieur/J.ROCHA

Photo © Ministère de l'Intérieur/J.ROCHA

Hommage aux victimes et recueillement sur la promenade des Anglais à Nice, lieu de la tragédie.

Photo © Ministère de l'Intérieur/J.ROCHA

TSUNAMI *THAÏLANDE*

Photo © AFP

En haut, on peut voir une photo prise par un touriste, montrant une vague de tsunami sur le point de frapper une plage. Le 26 décembre 2004, le tsunami dévaste le sud de l'Asie, et ses vagues atteignent par endroits 35 mètres de hauteur.

Ci-dessous, l'une des fosses communes prévues par la Thaïlande pour enterrer ses morts.

© Saeed KHAN / AFP Photo

du four. Même ici, on a beau être en connexion avec les esprits, on ne peut se passer de la modernité addictive.

Enfin, l'heure de la séparation définitive arrive. Des manutentionnaires enlèvent les fleurs du cercueil puis, à mon grand étonnement, on ouvre la boîte. On en sort la housse mortuaire en plastique blanc qui fait office de linceul. Puis on dépose le tout sur des rouleaux qui avalent la dépouille vers les flammes, sous l'œil intéressé du plus jeune des moines qui s'assure que la manœuvre se passe au mieux. Le cercueil servira pour un autre corps. Les tentures bleues retombent devant la porte. Un office de plus, une formalité d'une petite demi-heure, douce et calme.

Hôtel Sofitel à Khao Lak

Autour du 12 juillet, nous nous rendons à l'Hôtel Sofitel de Khao Lak pour préparer la venue de l'ambassadeur de France Laurent Aublin à Bangkok.

Des associations de victimes se sont plaintes que des corps n'ont pas été retrouvés. Elles soupçonnent que les fouilles n'ont pas été bien menées.

Laurent Aublin a accepté cette ultime requête afin de clore définitivement ce chapitre. Un spécialiste des pompiers dans les recherches de catastrophes doit venir spécialement de France afin de diriger une équipe locale.

Arrivés à l'hôtel, notre chauffeur stoppe le mini-bus juste devant l'entrée sous un porche ombragé. Sur la droite, quinze éléphanteaux de stuc blanc accueillent le visiteur, trompes levées vers un bouddha en or jaune clinquant, au milieu d'un bassin où stagne une eau verte croupie.

Nous montons quelques marches et entrons dans le grand hall d'accueil, ouvert sur l'océan d'où est venue la mort.

Un grand préau de tuiles vernissées nous protège du soleil ardent. Du haut de ce promontoire nous avons une vue magnifique sur une grande pièce d'eau. Une sculpture de terre cuite représente une sirène dont on ne sait pas si elle danse ou si elle se défend d'un homme qui la saisit aux épaules. Un éléphant blanc en position de sphynx regarde en direction de la plage. Sa trompe relevée est brisée en deux endroits et seule l'armature métallique retient encore ce qu'elle peut. Un crocodile grandeur nature, façonné dans la même matière, fait son pendant.

L'enfilade guide mes yeux vers l'océan, si calme aujourd'hui. Je ne peux m'empêcher d'imaginer la vague qui a tué, ici même, 189 personnes dont une quarantaine de Français. De chaque côté de cette perspective sont construits de petits bâtiments à l'architecture asiatique, avec des toitures pointues aux bords relevés et recouvertes de tuiles rouges. Un rez-de-chaussée et deux étages abritent des appartements avec balcons. Les baies vitrées sont absentes des huisseries. Elles ont explosé avec la vague. Sur les murs blancs, dans chacun des appartements, il y a des inscriptions à la peinture rouge, « OK 06 France » signifiant les recherches effectuées dans les chambres. On constate que des tuiles sont arrachées des toits jusqu'au niveau supérieur du premier étage, soit à environ six mètres du sol, la hauteur de la vague à cet endroit. Elle est restée à ce niveau durant environ vingt minutes, nous dit-on, puis s'est retirée. Beaucoup de ceux qui se trouvaient au rez-de-chaussée et au premier étage ont été surpris par les flots, coincés dans la pièce où ils se trouvaient.

À l'intérieur des chambres, les faux plafonds sont arrachés. Il n'y a presque plus de mobilier sept mois après les faits. Quelques sommiers sont encore plantés contre les murs.

Des feuilles blanches imprimées en anglais, thaï et français se décollent en partie des murs où elles mettent en garde les visiteurs contre les nouveaux habitants des lieux : « *Beware of the snakes* », « Attention aux serpents ».

Nous sommes guidés par le responsable de l'hôtel jusqu'au lieu qui fera l'objet de nos dernières investigations. Nous arrivons sur la plage. Au bout de la terrasse bétonnée, le sable a disparu. Il faut traverser des gravats pour arriver aux cocotiers dont les racines sont apparentes sur un mètre de hauteur. On dirait des arbres qu'on a posés là, avec leur motte, en attendant de les replanter. Beaucoup de ces cocotiers sont cassés. Des millions de tonnes de sable sont maintenant loin, à l'intérieur des terres.

Pour nous rendre vers d'autres îlots de bâtiments, en front de mer, nous traversons des petits ponts de béton, cassés eux aussi, qui enjambent les liaisons des bassins aquatiques. Le complexe est immense.

Le directeur nous indique des structures dont les soubassements ont bougé. Les vides sanitaires sont remplis de boue et de sable. Une corde interdit l'entrée dans les locaux et agite au vent des feuilles sur lesquelles figure la mention « Danger », écrite en gras.

Les familles croient-elles que les corps qu'elles n'ont pas encore récupérés se trouvent ici, prisonniers des fondations ? En tout cas, elles reprochent à l'hôtel de ne pas avoir tout mis en œuvre pour former le personnel et garantir les dangers d'accident dus à l'implantation du bâtiment en zone à risque.

À l'entrée de l'appartement 3101, une autre inscription apparaît, une croix suivie de la date fatidique : « 29/12/04 ». Un chien errant passe, à la recherche d'un peu d'ombre. Plus loin, encore une croix et la même inscription, la même date…

Après notre visite, nous remontons vers l'entrée où l'on nous offre un rafraîchissement. Un homme et deux femmes d'un certain âge se présentent avec un bouquet de fleurs variées dont des roses rouges. Ils viennent d'Europe du Nord. Eux aussi viennent se recueillir là où ils ont perdu leurs proches.

Lorsque nous repartons, nous traversons une autre cocoteraie dévastée et jonchée de végétation hétéroclite arrachée puis venue avec les flots d'autres endroits. Plus loin sur la route, un bateau patrouilleur de la police se trouve à la lisière d'une forêt, à plusieurs centaines de mètres du rivage. L'eau l'y a déposé et l'y a laissé. Il est miraculeusement passé à travers plusieurs blocs de bâtiments sans les heurter ni se retourner.

Arrêt au pied du mur du souvenir

Au retour, nous nous arrêtons sur le site où se trouvent les chaînes d'autopsies offertes par le gouvernement norvégien. Une grande plaque annonce « Wall of Remembrance », mur du souvenir. Toutes les nationalités impactées sont citées.

Afrique du Sud, Allemagne, Australie, Argentine, Autriche, Bahreïn, Belgique, Brésil, Canada, Égypte, Espagne, États-Unis, France, Irlande, Israël, Italie, Japon, Lituanie, Luxembourg, Myanmar, Nouvelle-Zélande, Népal, Norvège, Pays-Bas Philippines, Pologne, Portugal,

République de Corée, Roumanie, Royaume-Uni, Russie, Singapour, Suède, Suisse, Tchécoslovaquie, Thaïlande, Turquie, Zimbabwe.

La plaque française est une des plus fleuries. Mais celles de l'Allemagne et de la Suède surpassent toutes les autres. Pour les Allemands, des photos de victimes sont collées sur le mur. Des lettres, des poèmes, un petit skateur en tissu au bob rose et baskets rouges veille sur la photo d'une jeune fille. Un petit dragon vert, déposé sur la marche en bois, crache une flamme rouge.

Pour les Suédois c'est Nemo le poisson-clown qui fait office de gardien du temple. Un nounours rose, un écureuil en peluche, plusieurs lanternes, une épée en coton rigide aux couleurs du pays, un Pokémon, des bouquets de fleurs… On voit toutes les traces laissées par les familles qui sont venues en pèlerinage depuis tous les continents.

Les Américains ont écrit au feutre sur le mur blanc, s'en servant comme d'un livre d'or.

Les pays asiatiques sont plus disciplinés et leurs endroits sont très propres et ordonnés.

En regardant ce mur, j'y décèle toute la peine et la souffrance des vivants. En laissant toutes ces traces et ces objets, ils veulent garder la connexion avec leurs disparus.

Ce côté du mur d'enclos est ouvert au public et libre d'accès. En revanche, pour pénétrer sur le site il faut passer par une guérite farouchement gardée. Nous devons montrer patte blanche et nous identifier.

Il est seize heures. Jérôme S. nous fait visiter le site du « *Mortuary service* ». Il y a travaillé au printemps alors que les chaînes d'autopsies battaient leur plein. Sur notre droite, et jusqu'au fond du terrain où les moteurs de la climatisation vrombissent dans un bruit assourdissant, une centaine de grands containers frigorifiques sont alignés. Certains sont vides car les victimes identifiées sont parties, restituées à leurs familles. Mais d'autres recèlent encore plusieurs centaines de cadavres anonymes.

Plus loin, des tentes militaires hébergent des forêts de bottes en caoutchouc et de sabots blancs d'hôpitaux. Toutes les paires sont bien alignées. Des dizaines de brancards militaires en toile sont comme assis sur les roues de fauteuils roulants dont ils sont équipés, les poignées dirigées vers le ciel.

Trois structures blanches de 210 mètres carrés chacune, équipées de l'air conditionné et qui accueillent les chaînes d'autopsies se trouvent sur la gauche. Elles sont longues d'une trentaine de mètres et larges d'environ sept mètres. Elles aussi sont à l'arrêt. Tous les corps ont été examinés depuis le mois de mai. Toutefois, le matériel est encore là, en place, prêt à servir à nouveau dans le cadre d'une contre-expertise ou de la découverte de nouvelles victimes.

Nous enfilons juste des sur-chaussures en plastique bleu pour pénétrer dans l'une d'elles. Tout est propre, nettoyé, bien rangé. Les tables en inox, les ordinateurs, les imprimantes, les scanners, les ciseaux, les loupes, les pinceaux, rouleaux et poudres pour encrer les doigts, les scies, les lavabos, tout est prêt pour resservir d'un moment à l'autre.

Le silence m'impressionne. Sur un tableau mural blanc, on peut lire les paroles de *The Land of my fathers*, l'hymne gallois signé par la South Wales Police, dernière équipe ayant travaillé ici au mois de mai.

7. La tradition du 14 juillet

Nous avons décidé de fêter le 14 juillet. Très souvent, les autres délégations de police organisent des soirées dans leurs hôtels et nous y sommes régulièrement invités. Je me souviens d'un grand barbecue chez les Australiens, donné sur la plage.

Nous évoquons avec Jérôme le fait que nous pourrions organiser la réception des Français. Nous commençons à penser au mode de financement. Mais il faut tout de même obtenir l'autorisation de l'ambassadeur qui nous la donne avec plaisir et l'accompagne de quelques centaines d'euros qui nous permettront de mettre sur pied l'événement

C'est l'équipe du Metropole Hotel qui va merveilleusement s'en charger. Le soir venu, vers 18 heures, le grand salon de réception a adopté les couleurs de la France. L'entrée est pavoisée de drapeaux bleu, blanc, rouge disposés dans tous les recoins et sur les tables. Un coin est aussi prévu pour un orchestre, histoire de prolonger la soirée.

Jérôme prend la parole en anglais pour remercier tout le monde d'être venu et sceller une fois de plus notre confraternité. L'attaché d'ambassade s'exprime en français et demande deux minutes de silence en hommage aux victimes des attentats de Londres qui viennent de se dérouler, le 7 juillet : trois explosions dans le métro et une dans un bus ont fait 56 morts et 784 blessés.

Allemands, Italiens, Canadiens et Australiens, entre autres, ne se font pas prier pour partager le buffet offert par la France. La table est à la hauteur de nos espérances.

Days off

Nous avons un jour de repos par semaine, le dimanche. Nous organisons des sorties de groupe pour ceux qui le souhaitent. Nous louons des pirogues et partons dans la baie de Phang Nga voir les magnifiques pains de sucre, puis poussons jusqu'à James Bond Island et le village sur pilotis de Koh Panyee construit par les Javanais. Un autre dimanche ce sera Kho Phee Phee.

Ce sont des moments suspendus qui nous permettent de sortir un peu de l'ambiance mortifère de la mission. Même si l'ambiance entre nous et les autres délégations étrangères est très conviviale, il n'en reste pas moins que nous sommes toute la journée le nez penché sur des dossiers de personnes disparues et dont nous savons parfaitement quel a été leur destin.

Le plus difficile pour moi, finalement, c'est d'avoir sous les yeux tous les signalements très détaillés du dossier ante mortem, les photos de personnes souriantes, une partie de leur vie heureuse et de savoir qu'ils sont toujours anonymes. J'espère au fond de moi qu'ils se trouvent bien dans les containers frigorifiques et que l'annonce de leur découverte va tomber d'un jour à l'autre. J'imagine aussi le pire, si tant est que ce soit possible : que se passerait-il si la mer gardait des corps, à jamais perdus ? Je pense inévitablement au dossier Natacha qui est toujours un *cold-case*.

Retour à Khao Lak avec l'ambassadeur

Quelques jours après le 14 juillet, nous récupérons à l'aéroport l'ambassadeur de France Laurent Aublin et un capitaine des pompiers venu spécialement de France, spécialiste des fouilles en milieu de catastrophe naturelle. Nous retournons à l'Hôtel Sofitel de Khao Lak.

Sur place, nous retrouvons le directeur de l'hôtel, un représentant de la Croix-Rouge, et cinq autres personnes dont un commissaire des forces de police thaï et une femme du renseignement militaire.

Un camion-pompe se trouve à côté des bâtiments de front de mer avec une quinzaine d'ouvriers prêts à déblayer les soubassements.

Au bout de plusieurs heures de travail, nous retrouvons un caméscope et un paréo en coton léger rouge et blanc, mais aucun corps.

Les fouilles s'arrêtent définitivement sur ces pauvres découvertes. Fin de la mission.

Rencontre avec les familles

Par un après-midi chaud, un jeune homme d'une quarantaine d'années se présente à nous à l'improviste. Il visite le pays depuis quelques jours. Il est un parent proche d'une victime retrouvée et identifiée. Il n'a besoin de rien. Il est tranquille, posé, parle d'une voix douce. Il vient clore une page de vie.

Ayant eu l'écho de notre cellule, il est passé au Metropole Hotel pour s'entretenir avec nous du processus d'identification. Jérôme et moi l'accompagnons au petit café du coin de la rue, que nous fréquentons tous les matins. Nous continuons la conversation comme des copains. Une heure plus tard, il repart calmement comme il est venu, entre résignation et apaisement. En le quittant, nous sommes impressionnés par sa sérénité.

Nouvelles identifications

Une identification peut avoir lieu grâce à un élément secondaire (tatouage, vêtements, bijoux) mais qui est confirmé et doublé par un élément primaire (empreintes, odontologie ou ADN).

À l'IMC de Chalong Bay, c'est le travail de l'équipe « Ricon », les spécialistes de ces différents domaines, qui effectue le rapprochement, « la réconciliation » entre les éléments, les critères contenus dans les dossiers ante mortem et les dossiers post mortem. Ils ont à leur disposition les bases du logiciel PlassData, ainsi que celles de l'ICMP de Sarajevo.

Puis, lorsque les dossiers sont solides, la commission d'identification, le « Board », se réunit. C'est toujours le pays dans lequel a lieu l'événement qui est responsable de la décision finale d'accepter ou de rejeter l'identification proposée par les spécialistes, et qui préside cette commission d'identification.

Durant ma mission, une quinzaine de dossiers français sont identifiés. Il faut attendre cet été 2005 pour que les corps des enfants Cara et Marc-Vincent Titeux, ainsi que celui de Natacha Z. soient identifiés. C'est tardif, mais ils peuvent être rendus à leurs familles respectives.

Je quitte la Thaïlande sur une impression d'inachevé. Mais on ne peut pas tout résoudre, tout de suite et tout seul. Comme les autres, je dois me contenter d'amener ma petite pierre à l'édifice.

Au cours de ces missions j'ai appris qu'il est impossible de s'associer à tout le malheur du monde et de rester connecté en permanence à la souffrance des autres. Entre empathie et distance, comment trouver le juste chemin ?

Fin de mission pour l'Identité judiciaire parisienne

C'est Yves P., notre collègue traceur[1], qui clôture la mission Beryx du 5 au 28 septembre, pour l'Identité judiciaire parisienne. Juste avant son départ pour Phuket, je l'accompagne à Versailles pour y rencontrer son homologue qui travaillait en juillet sur la même plate-forme d'empreintes qu'il va devoir intégrer. Il est rassuré.

Nous sommes 170 membres de l'Unité nationale d'identification, Police et Gendarmerie, à avoir participé à cette mission hors norme, du mois de décembre 2004 à la fin du mois de septembre 2005.

En ce qui concerne la France, 95 personnes sont officiellement mortes lors du tsunami, dont 90 en Thaïlande, 4 au Sri Lanka et 1 en Inde.

Soixante-seize dossiers de personnes françaises disparues ont été ouverts au ministère en janvier. Soixante et onze de ces personnes sont identifiées à la fin septembre 2005 et 5 sont toujours portées disparues.

Un tiers des identifications a lieu grâce aux effets personnels. Les gendarmes ont eu raison d'imposer cette méthode.

Les chiffres fluctuent, surtout pour les pays asiatiques où les individus en situation irrégulière sont nombreux.

1. Spécialiste des empreintes digitales et des traces papillaires.

Les autorités pensent que les quelques centaines de corps restant dans les containers frigorifiques sont, pour la plupart, des clandestins que les familles ne réclament pas.

Toujours est-il que la Thaïlande veut passer à autre chose après ce désastre humain et économique. Le 26 décembre 2005, elle organise une grande célébration pour tourner définitivement la page et accueillir à nouveau les touristes du monde entier. Cette heure de recueillement a lieu en même temps sur différents sites : Phuket, Phang Nga, Koh Phi Phi, et Baan Nam Khen. La journée se clôture par une grande cérémonie interreligieuse.

Le film institutionnel réalisé par Éric Théry, *Thai Tsunami, la gestion d'une catastrophe*, sera diffusé auprès de nos administrations. Nous sommes neuf apprentis reporters à apporter nos contributions au générique de fin.

Interpol a coordonné l'opération internationale d'identification. Au final, Plus de 2 000 spécialistes sont venus de 31 pays et ont pris part au processus d'identification rien qu'en Thaïlande. Dans ce pays, environ 5 000 corps ont pu être identifiés, toutes nationalités confondues. Il s'agit à ce jour de l'opération d'IVC la plus vaste menée pour un seul événement.

Lorsque la nature se manifeste aussi soudainement et aussi violemment, elle peut être extrêmement meurtrière. La folie des hommes est toutefois en mesure de la concurrencer et onze années après le tsunami ravageur, une série de fusillades et d'attaques suicides sont perpétrées à Paris, laissant la France à feu et à sang.

13 NOVEMBRE 2015

1. Cette soirée devait être une fête

L'après-midi du 13 novembre a un air de fête. Le service a reçu des invitations pour nous rendre à la cité du cinéma de Luc Besson, à Saint-Denis.

Ce soir, une réception grandiose est prévue. La Lufthansa, dont la Germanwings est une filiale, a décidé de remercier tous les intervenants du mois de mars à Seyne-les-Alpes, en les invitant à un cocktail dînatoire.

Nous sommes sept du service à nous être déplacés sur le site du crash pour participer au relevage des corps et aux autopsies.

Je me souviens que lorsqu'Écully a demandé qui, des sept impliqués de notre service, désirait se rendre à cette réception, je n'étais, pour ma part, pas très emballé, mais en même temps curieux de découvrir cette ancienne usine électrique réhabilitée au bénéfice du cinéma. Finalement, nous avons tous accepté.

Nos copains d'Écully, eux, ont décliné l'invitation. Nous comprenons bien que venir de Lyon à Paris pour passer une soirée est compliqué à organiser. En revanche, ce vendredi après-midi, l'Identité judiciaire est plutôt placée sous le signe de la détente et de la bonne humeur.

Nous quittons le service ensemble et nous nous rendons à Saint-Denis vers 18 heures. Le lieu est spectaculaire.

Un flot ininterrompu de personnes se dirige, comme nous, vers la grande nef centrale à armature métallique, l'ancienne salle des machines longue de 220 mètres.

L'accueil de la nef, outre ses dimensions gigantesques, nous plonge dans l'univers du *Cinquième Élément*, un des films cultes de Besson. Le taxi jaune B90 de Bruce Willis est là, criblé d'impacts de balles, ainsi que la voiture de police bleu ciel du NYPD chargée de l'intercepter. Il ne manque que la jonque du vendeur ambulant chinois dans un coin, et d'éventuels clients. D'autres décors, des costumes, des maquettes et des vitrines nous offrent un peu de rêve.

Un millier de personnes environ sont conviées à ce moment inoubliable. Mille personnes impliquées dans la gestion de la catastrophe de la Germanwings à un titre ou un autre : la mairie de Seyne-les-Alpes, les premiers secours en montagne, les associations qui ont reçu les familles des victimes, les militaires, les bénévoles, et bien sûr nous, les gendarmes et policiers du groupe d'identification des victimes de catastrophe. C'est également l'anniversaire de Perrine. Nous nous amusons à cette grande fête comme si elle était organisée pour elle.

Nous retrouvons nos collègues gendarmes avec grand plaisir, et essayons dans l'effervescence et le brouhaha de faire le point et de savoir si tout le monde est bien là.

Dans la grande salle de réception située en contrebas de la nef, où nous devons accéder par un grand escalier dessiné en X, le buffet est ouvert. Dans cette cathédrale de verre et d'acier soutenue par d'immenses pylônes, la communion des souvenirs va bon train.

Le patron de la Lufthansa prend la parole, en français, et assume son rôle de responsable, ne cachant rien de la tragédie qu'a été ce terrible événement pour les familles et sa compagnie. C'est un exercice de communication sur le fil.

Je profite toutefois de l'instant. Les questionnements philosophiques ne m'empêchent pas de rire avec mes amis et de goûter à toutes les gourmandises qui passent à notre portée. À l'IJ aussi, quand nous revenons d'affaires compliquées ou bien lorsqu'une enquête s'est soldée par une réussite, il nous arrive de nous réunir autour d'un verre. Rien de tel pour resserrer les liens.

Vers 19 h 45, nous devons quitter les lieux car des bus nous attendent. Le clou du spectacle pour cette soirée doit intervenir dans une petite heure, la Lufthansa a réservé mille places à ses invités pour qu'ils assistent au match amical France-Allemagne. Nous sommes le vendredi 13 novembre 2015…

Dans quelques instants, ce vendredi maudit va résonner dans le monde entier comme un cataclysme, ce n'est pas un tsunami qui va fondre sur la France, mais une vague où se mêlent la sauvagerie et l'horreur !

C'est la fête sur le parvis autour du stade. Des jeunes gens proposent de maquiller les supporters qui le souhaitent, en leur dessinant sur les joues le drapeau bleu, blanc, rouge. Cela égaie encore un peu plus les photos que nous postons à l'envi, et surtout à l'attention de ceux qui aimeraient aussi être là. Munis de nos billets, nous entrons dans le stade après avoir passé les filtres aux entrées. Nous sommes placés en haut des tribunes, en zone C, sur la ligne de but. Nous trouvons des petits drapeaux tricolores sur nos sièges pour encourager notre équipe.

Je connais l'ambiance des grands stades depuis trente ans, non parce que je les fréquente assidûment, mais parce que j'ai commencé ma carrière professionnelle à Saint-Cloud et que nous étions régulièrement sollicités pour assurer la sécurité à l'entrée et à la sortie des matches du PSG, au Parc des Princes. Je dois dire que j'ai rarement vibré lors de ces manifestations durant lesquelles j'étais plutôt captivé par le comportement souvent agité des supporters des deux camps.

2. Le déclenchement des hostilités

Le coup d'envoi est donné à 21 h 01. Nous nous prêtons de bonne grâce aux encouragements que le speaker sollicite. Même moi, une fois n'est pas coutume, je participe à une « holà » qui soulève les gradins.

À 21 h 17, une détonation sèche résonne juste derrière nous. Il nous semble qu'elle provient d'en dessous de notre tribune. Je m'étonne de ce bruit suspect. Jean-Charles se veut rassurant et évoque vraisemblablement une bombe agricole, comme celles utilisées quelquefois par les supporters. Deux minutes plus tard, une seconde explosion retentit. Je suis vraiment inquiet. J'ai un mauvais pressentiment. Avec un ou deux de mes collègues, je descends dans la travée, je sors dans le couloir derrière la tribune et je scrute les alentours. Je vois les portes métalliques du stade qui se referment toutes les unes après les autres.

Des policiers courent dans les rues de la ville au-delà des protections. Une équipe de cinq ou six collègues en tenue, entre dans l'enceinte du stade, tenant une caméra genre Betacam[1]. Je pense que ce sont sûrement les équipes chargées de la surveillance vidéo de la rencontre. Je vais au-devant d'eux, présente ma carte professionnelle et leur

1. Format d'enregistrement vidéo professionnel sur bande magnétique.

demande s'ils savent ce qu'il se passe. Ils me répondent : « Des kamikazes se font péter partout dans Paris et autour du stade », tout en continuant leur chemin, à l'écoute de leur radio, en hâtant le pas. Je suis pétrifié. Le monde s'écroule autour de moi. Je sais qu'il faut engager rapidement une action, mais laquelle et comment ?

Je retrouve mes collègues restés dans la tribune et je leur donne les nouvelles que je viens de recevoir. Nous décidons de nous faire extraire du stade car nous savons que nous devons regagner notre service. Le protocole l'exige.

Nous nous présentons à des stadiers de la sécurité qui, dans un premier temps, refusent de nous laisser partir. Au bout de quelques minutes d'une négociation tendue, ils prennent contact avec leur direction.

Dans l'attente de l'autorisation d'un billet de sortie, chacun de nous essaye d'appeler des renforts pour un retour immédiat au 36. Nous contactons nos patrons, nos commandants fonctionnels afin qu'ils agissent depuis l'extérieur. Peu d'entre eux sont au courant de ce qui est en train de se passer. Les communications deviennent de plus en plus compliquées à établir de notre côté. Des brouillages sont sûrement déclenchés.

J'ai juste le temps de donner quelques nouvelles rassurantes à mon fils aîné qui réussit à me joindre sur mon téléphone. Il est chez lui à Boulogne-Billancourt avec des amis. Ils regardent la télévision. Il m'explique ce qui se passe au Bataclan où une prise d'otages est en cours. Il me dit que les informations relaient également d'autres attentats sur les terrasses de certains cafés des Xe et XIe arrondissements. Ce sont des attaques menées à l'arme lourde. C'est la panique dans Paris. Je sens une sidération dans sa voix. Je lui demande d'être le relais de ma position auprès de mon épouse qui elle-même est au théâtre, mais heureusement à Rueil-Malmaison. Je lui annonce, mais il a déjà compris, que je ne rentrerai pas de la nuit.

J'ai l'impression que nous sommes prisonniers dans cette enceinte du Stade de France, et nous le sommes. Le match continue. Le président de la République vient d'être exfiltré.

C'est la première fois de notre carrière que nous sommes sur place avant qu'un fait criminel ne se produise et nous sommes impuissants.

Retour au 36

Au bout d'environ quarante ou cinquante minutes, on consent enfin à nous laisser partir et on nous escorte sous bonne garde jusqu'à une grande porte qu'on déverrouille côté sud, vers la porte A. Nous sommes libres. Nous sommes aussi du bon côté pour nous précipiter et prendre dès que possible le premier RER.

Nous courons, courons, et voyons soudain un groupe de collègues en train de tendre de la rubalise entre des réverbères. Ils s'affolent de nous voir arriver aussi rapidement vers leur position. Ils nous crient d'arrêter de courir, tendent les bras vers nous puis sortent leurs armes et nous braquent. Aussitôt nous stoppons et montrons patte blanche. Ils nous contrôlent minutieusement et comprennent qui nous sommes. Il faut dire qu'avec nos têtes peintes de bleu, blanc, rouge et nos dégaines hirsutes, on comprend bien, à leur décharge, qu'ils ne pouvaient pas nous faire confiance au premier regard.

Mais la stupéfaction, pour nous, c'est quand nous réalisons que nous sommes au beau milieu d'une des scènes d'explosion, la troisième, dont je ne me souviens plus avoir entendu le bruit. Elle a eu lieu environ vingt minutes après les deux premières, devant le Mac Donald, rue de la Cokerie. Un individu est déchiqueté, un bras et la tête séparés du tronc. Une ceinture d'explosifs a fait son œuvre. Cet homme est seul, il n'y a aucune autre victime autour de lui.

Nos collègues nous traitent d'inconscients et nous enjoignent de faire attention, à l'avenir, à nos agissements inconsidérés qui auraient pu mal se terminer. Comment aurions-nous pu imaginer que nous allions traverser un tel périmètre de sécurité ?

Le RER enfin atteint, nous continuons, plus au calme, à passer des coups de fils entrecoupés de SMS avec nos familles. Tous ceux que nous arrivons à contacter reviennent au service. Nous savons que nous aurons besoin de nombreuses équipes.

Nous descendons station Saint-Michel et traversons le pont pour emprunter le quai des Orfèvres jusqu'au 36. Nous voyons arriver les enquêteurs de la Brigade criminelle qui ont également été rappelés. Il est environ 23 heures.

Nous traversons les cours intérieures du 36 et, en pénétrant dans l'antre de Bertillon du 3, quai de l'Horloge, nous retrouvons Marion F. et Patrice L. à l'état-major. Tous savent d'instinct que les prochaines heures vont être difficiles.

Nous expliquons rapidement ce que nous avons vu et les premières démarches que nous avons entreprises. Marion F. nous annonce qu'Écully se déplace depuis Lyon.

Prise en compte de l'événement

Nous décidons d'ouvrir l'avant-salle Bertillon, un lieu qui sert habituellement de salle de réunion ou de réception, grand et pratique pour réunir beaucoup de monde en même temps. Cet espace va nous servir à rassembler tout le monde en même temps de façon à éviter de répéter toute la nuit les mêmes choses toutes les dix minutes.

J'entre dans le bureau du patron où se trouve un paperboard blanc. Je déchire plusieurs feuilles que nous collons dans le couloir, à la vue de tous, et sur lesquelles nous indiquons l'adresse des sites que nous connaissons comme étant impactés par les attaques. Nous y notons, l'horaire, les noms des équipes désignées, les véhicules utilisés, les premières informations qu'elles nous remontent quand elles arrivent sur place, le nombre de victimes, les noms des enquêteurs et leur service, qui se trouvent sur place et avec lesquels ils vont devoir travailler.

Cette technique visuelle est très efficace et a l'avantage de parler à chacun. Pas besoin d'autres explications. Nous appliquons cet affichage lors des missions d'IVC. La salle du ministère de l'Intérieur où nous étions en janvier 2005, dédiée au groupe ante mortem en contact avec les familles pour le tsunami, en était recouverte. Le hangar à Seyne-les-Alpes aussi, lors des autopsies à la suite du crash.

Pour l'heure, très peu d'informations utiles parviennent de l'état-major de la Police judiciaire. Nous anticipons ce qui s'est passé à *Charlie Hebdo*. Ce soir, nous avons affaire à une attaque XXL et nous devons prendre les devants.

Nous décidons d'envoyer un officier, Isabelle C., à la salle de crise de l'état-major qui s'ouvre spécialement. Au moins serons-nous au courant de ce qui s'y passe et de ce qui s'y dit. Nous espérons qu'elle pourra nous faire redescendre de bons tuyaux. La gestion des témoignages recueillis par téléphone ou messagerie est opérée au sein d'une salle unique, dite salle Jacques Capela, équipée de dix postes de travail (ordinateurs et téléphones) tenus par des effectifs de la Brigade des stupéfiants et de la Brigade de répression du proxénétisme, et de deux postes supplémentaires réservés aux fonctionnaires de la Crime.

Composition des équipes

J'ouvre une liste de prise en compte des arrivants. Nous devons savoir qui se trouve dans les bureaux, dans les sections, quels sont celles et ceux qui sont aptes à sortir là où on nous demandera d'aller.

L'Identité judiciaire est forte de 200 personnes, mais toutes n'ont pas les mêmes compétences techniques. Forcément, tout notre effectif ne reviendra pas au service ce soir. Parmi les individus qui sont ici, il y a des spécialistes de la gestion des scènes d'infraction, d'autres formés aux fichiers, d'autres à des recherches et analyses techniques. Il faut que nous sachions absolument qui est là et comment on peut composer les équipes. Je sais aussi par expérience, qu'un autre point crucial entrera en ligne de compte plus tard, le remboursement d'une manière ou d'une autre du temps supplémentaire passé au service. Autrement dit, personne ne travaille pour rien, ni pendant les permanences classiques ni pendant les attentats extraordinaires.

Durant le temps où nous tentons de nous mettre en ordre de bataille, j'imagine fort bien le grand désordre qui règne à tous les niveaux des services de l'État dans les premières heures. À la présidence de la République, dans les ministères concernés et, au premier chef, ceux de l'Intérieur et de la Justice. Mais ce n'est pas tout, il faut aussi prendre en compte la difficulté rencontrée par les premiers secours, dont certaines équipes pratiquent la chirurgie de guerre sur les trottoirs. Les hôpitaux doivent s'organiser. Recevoir d'un seul coup autant de blessés à opérer d'urgence est une gageure. Dans ce chaos généralisé, personne ne peut compter sur personne dans les premiers temps. C'est pour cela que nous devons appliquer à la lettre les protocoles appris, les méthodes éprouvées, pour nous rattacher à quelque chose que nous connaissons et qui nous relie à une certaine normalité dans un univers où plus rien n'est normal.

Patrice, le numéro trois de l'IJ, a déjà pris l'initiative d'envoyer l'équipe de permanence « normale » et des équipes des antennes de Nanterre et Créteil au Stade de France pour couvrir les trois scènes d'explosions. Au fur et à mesure que nous connaissons les adresses des autres sites, nous composons des équipes de trois, comme nous le faisons habituellement : un photographe, un dessinateur pour établir le plan et faire les prélèvements biologiques, et un dactylotechnicien pour relever les empreintes digitales ou les traces papillaires.

Nous devons faire attention à équilibrer les équipes en termes d'expérience et de compétences techniques. Un état-major doit tenir compte de tout, car ce soir nous aurons des groupes constitués de personnes qui n'ont jamais travaillé ensemble. Inévitablement sur un tel dispositif, il y aura des difficultés sur le terrain, comme il y en a eu pour nos cadres en début de soirée. Mais « la grandeur d'un métier est avant tout d'unir les hommes ; il n'est qu'un luxe véritable et c'est celui des relations humaines », disait Antoine de Saint-Exupéry. Dans cette ambiance électrique, ceux qui ont eu tort on fait des excuses aux autres. On n'en parlera plus.

3. Les trois sites du Stade de France attaqués

L'équipe de permanence de nuit a l'habitude de faire un repas en début de soirée, avant sa vacation. Ce soir du vendredi 13 novembre, ils ont le temps de manger, et tant mieux pour eux, car ils ne se doutent pas de ce qui les attend.

Premier site : porte D, restaurant Events, rue Jules-Rimet

L'équipe de nuit se rend sur le site de la première explosion au niveau de la porte D, au restaurant Events, rue Jules-Rimet. Un kamikaze y a utilisé sa ceinture d'explosifs, occasionnant la mort de Manuel Dias, un chauffeur d'autocar venu de la Marne pour conduire des supporters au stade. Cet homme, identifié rapidement en partie grâce à son passeport, est la première victime de ce 13 novembre. Le kamikaze, lui, est coupé en deux au niveau du thorax.

Un groupe de la Brigade criminelle est sur place. Ses hommes et notre équipe travaillent ensemble jusqu'à 7 heures du matin.

Marylise se concentre sur les photos, sachant que l'album aura une grande importance pour l'enquête, et Maxime s'occupe du plan des lieux, un travail qu'il aime pratiquer.

Il y a des traces d'impacts d'écrous partout autour d'eux. Il faut situer précisément les corps pour expliquer les trajectoires. Plus tard, le reste du groupe de nuit les rejoint.

Chacun sait ce qu'il a à faire. L'entraide est évidente. Des informations leur arrivent sur ce qui se passe sur les autres sites d'attaques, mais ils ne réalisent que bien plus tard, le lendemain matin, le drame qui s'est joué cette nuit-là. Comme tous leurs collègues, ils sont abasourdis. Ils terminent au petit matin et sont encore de service la nuit suivante.

De retour au service, le patron les attend et ils lui rendent compte de leur mission. Marylise raconte : « Nous étions tous dévastés mais je pense que c'est en voyant les images à la télé, celles du Bataclan, que j'ai réalisé l'attentat terroriste et la monstruosité des faits. »

Ce groupe a l'habitude du travail de nuit, il ne fait que ça. Ses membres sont nos « nuiteux ». Il faut savoir qu'être impliqué sur une scène de crime très soutenue, physiquement et moralement, n'a rien à voir si elle a lieu de jour ou de nuit. Le rythme, l'absence de repères visuels, les techniques de réglage des appareils, tout participe, la nuit, d'un état de gêne et de non-maîtrise des éléments. D'un autre côté, pour ceux dont la nuit n'est pas le rythme classique, qui ont déjà travaillés toute la journée et qu'on vient de rappeler en urgence, mener à bien la mission peut paraître très long et très pénible. Mais personne n'a le choix, et aucun n'aurait l'idée de refuser le combat.

Deuxième site : porte H, au niveau du Décathlon, rue Jules-Rimet

Le second site, rue Jules-Rimet au niveau du Décathlon, à la porte H, est géré par notre antenne de Créteil avec un groupe de la Brigade criminelle jusqu'à 8 heures du matin.

Troisième site : au niveau du Mac Donald rue de la Cokerie

Enfin, sur le dernier site que nous avons traversé et où nous nous sommes fait braquer lors de notre retour au service, rue de la Cokerie au Mac Donald, c'est notre antenne de Nanterre qui s'en charge avec un groupe de la Crime, jusqu'à 6 h 30 du matin. Trois effectifs supplémentaires de l'antenne de Bobigny viennent leur prêter main-forte pour effectuer des prélèvements d'odorologie sur un véhicule Mercedes entre 2 heures et 4 heures du matin.

Nous devons identifier clairement ces trois sites en leur attribuant un nom précis, simple et efficace, pour ne pas nous mélanger les pédales quand nous y ferons allusion, ou bien lorsque nous les consignerons dans nos rapports et nos procès-verbaux. L'appellation « Stade de France » est trop générale et porterait à confusion. De plus, deux des trois scènes sont dans la rue Jules-Rimet. Nous choisissons simplement : « Porte D », « Porte H » et « Mac Do ».

Deuxième attaque : Paris, bar Le Carillon

Sur le site de la deuxième attaque, nous envoyons Jean-Charles qui a eu le temps d'enlever son maquillage du Stade de France et d'enfiler une tenue plus appropriée, avec Steeve G. et Laurence K., au bar Le Carillon, 18, rue Alibert, dont la terrasse a été prise pour cible. Deux auteurs sont en fuite et laissent dans leur sillage, de la rue Bichat à l'angle de la rue Alibert, 11 victimes. Un groupe de la Brigade criminelle est sur place.

Bar Le Petit Cambodge, 20, rue Alibert

Rodolphe R., Ronald C. et Aurore G. se rendent au bar Le Petit Cambodge qui fait face au bar Le Carillon où deux corps gisent également au sol. Ici, c'est le deuxième district de Police judiciaire (2e DPJ) qui est chargé des constatations judiciaires.

Troisième attaque : Café de la Bonne Bière

Cinq morts. Deux à l'extérieur, trois à l'intérieur. L'équipe de l'Identité judiciaire est constituée de trois personnes, mais les enquêteurs de la troisième DPJ sont plus nombreux et peuvent créer deux groupes, pour occuper les deux zones en même temps.

L'équipe de l'Identité judiciaire commence à s'occuper des corps à l'extérieur, pour qu'ils puissent être évacués le plus rapidement possible. Mais à un moment, le groupe d'enquêteurs qui se trouve à l'intérieur de l'établissement demande à ce qu'une photo soit faite sur leur zone, ils s'impatientent.

Notre collègue de l'IJ chargée de la photographie s'exécute mais elle est, dès lors, accaparée par le second groupe d'enquêteurs. Le problème qui se pose dans ce cas de figure est le suivant : tous les « ijistes » qui sont sur le terrain ce soir-là ne sont pas polyvalents. C'est la contrepartie négative de notre service riche en personnel. Depuis des décennies, l'équipe de sortie est composée d'un photographe, un dessinateur et un dactylotechnicien. Chacun est ultraspécialisé et équipé dans son domaine de compétence, mais souvent inopérant pour suppléer les autres en cas d'urgence.

Cela va déstabiliser la chronologie déjà engagée concernant les actes techniques sur la première zone. C'est l'effet dominos.

Nous envoyons un second groupe sur place pour aider à la gestion de ce secteur. Les deux zones de scènes de crime sont alors gérées en même temps, et tout rentre dans l'ordre.

C'est le cas typique où un coordinateur aurait trouvé sa place ici. Mais à la décharge des effectifs de terrain, ce n'est pas à eux d'anticiper ces problèmes.

Comme je l'ai déjà évoqué, dans les cas de sites multiples, il faut surdimensionner les photographes et les dessinateurs. Les enquêteurs ne peuvent pas avancer dans leurs constatations judiciaires sans ces personnels essentiels à leurs côtés.

Nos problèmes d'organisation ne sont jamais ceux des brigades saisies de l'enquête, qui souhaitent *sine die* des techniciens formés, compétents, efficaces et immédiatement disponibles.

Finalement, une centaine d'étuis percutés, des dizaines d'ogives, des débris de chemisage et des traces biologiques sont prélevés. Une troisième équipe viendra compléter le dispositif sur ce secteur.

En effet, une autre attaque vise un second établissement, le restaurant La Casa Nostra situé juste en face du bar La Bonne Bière. Il n'y a pas de morts. Les consommateurs se sont abrités sous les tables.

Quatrième attaque : le Bataclan

La quatrième attaque est la plus meurtrière et la plus spectaculaire. Trois terroristes entrent dans la salle de spectacle du Bataclan, en plein concert du groupe de rock américain Eagles of Death Metal. Environ 1 500 personnes y assistent. Les assaillants tuent le personnel d'accueil dans le couloir d'entrée et tirent dans la foule dès qu'ils pénètrent dans la salle, déclenchant la panique et l'effroi. Certaines personnes peuvent s'enfuir en passant par les issues de secours, quand d'autres se retrouvent coincées dans un local technique. Certaines sont accrochées à l'extérieur, aux fenêtres du premier étage. C'est une tuerie en règle : 90 personnes sont exécutées par trois terroristes. La BRI, soutenue par le Raid, mettra fin à cette prise d'otage vers minuit.

C'est seulement à l'issue de cette opération, ainsi que celle du déminage, que nous pouvons prendre en charge les lieux avec les enquêteurs de la crime et de la 1re DPJ. Pour ma part, je ne me suis rendu sur aucun des sites au cours de cette nuit, mis à part au Stade de France où nous étions invités au match, et sur la zone d'explosion au Mac Donald lorsque nous sommes sortis du stade précipitamment.

Je regrette de ne pas m'être rendu au Bataclan pour assurer la mission de coordinateur. Notre patron part seul, au cœur de la nuit, pour se rendre sur les sites. Il nous raconte à son retour, ainsi qu'il l'expliquera un mois plus tard au journaliste Stéphane Durant-Souffland du *Figaro*, qu'il a fait un arrêt devant tous les morts et qu'il se souvient de chaque victime, comme s'il le devait à chacune d'entre elles et à sa famille.[1] C'est une prise de risque.

De plus, il garde, durant des jours, accrochée au placard de son bureau, la combinaison blanche qu'il portait lors de cette soirée. Le journaliste évoque « une combinaison blanche qui ressemble à un fantôme ». Il faut toujours intervenir avec des missions techniques définies sur ce genre de scènes de massacre, pour garder un filtre et éviter de possibles troubles.

Nous aurions dû envoyer des coordinateurs appartenant au service pour tenter de gérer avec lui le chaos, comme nous l'avions fait à *Charlie Hebdo*.

C'est au Bataclan que se tenait la principale difficulté.

Dans la salle de spectacle et aux alentours, ceux qui vont assumer le rôle de coordinateurs vont découper dix zones majeures et six zones secondaires.

C'est Cyrille L., un des chefs de nos deux groupes de nuit, qui assume cette position de coordinateur pour l'Identité judiciaire. Il tiendra cette mission avec brio en corrélation avec Patrick B., le coordinateur de la Brigade criminelle. Sur le site du Bataclan, ce n'est pas la Brigade criminelle seule qui effectue les constatations judiciaires, mais elle est en co-travail avec des groupes d'enquête du 1er DPJ.

1. In *Le Figaro*, du 18 décembre 2015.

La Crime assure la coordination du travail, la remontée et la transmission des informations importantes par l'intermédiaire de Patrick.

En premier lieu, les coordinateurs prennent en compte l'immense espace à découper en zones. Il faut qu'ils comprennent le déroulement des faits. Pour résumer : les auteurs entrent au Bataclan, tirent aveuglément sur les premières victimes qu'ils croisent, en tuent une partie, puis se dirigent sur la scène et, depuis cette tribune, prennent en otages ceux qui n'ont pas pu fuir ou qui sont blessés. Ils continuent à tirer au hasard. Une première équipe de policiers arrive et un des terroristes est neutralisé. On pense que c'est le tir du commissaire qui a touché sa ceinture d'explosifs et qui l'a déclenchée. Son corps est déchiqueté sur la scène. Immédiatement, les deux autres se réfugient, avec un groupe d'une vingtaine d'otages, au niveau du balcon gauche du premier étage. Ils entrent dans un couloir assez étroit qui donne, par un escalier descendant, sur les coulisses.

La BRI se positionne devant la porte de ce couloir. Plus tard, elle donne l'assaut final. Un des deux terroristes est tué au bout du couloir, sa ceinture explose. Les murs et le plafond du couloir et une partie de l'escalier sont maculés de sang et de morceaux de chair humaine. Le second terroriste est abattu au bas de l'escalier, sa ceinture est intacte. La balle qui l'a mis hors d'état de nuire a frappé la poitrine, à quelques centimètres au-dessus de l'engin explosif. Cette ceinture, ainsi que celle retrouvée sur le terroriste du boulevard Voltaire, sera une mine d'information pour le laboratoire concernant leur fabrication et la composition des substances employées.

Par miracle, aucun autre otage n'est tué ni blessé dans cette séquence ultraviolente. Comme chaque fois, avant de commencer tout travail avec les enquêteurs, les lieux doivent être figés par des vidéos et des photos. Une image restera, pour nous, dans les annales de l'Identité judiciaire, celle prise depuis un balcon et montrant le photographe Christophe B., en tenue blanche, en train de régler son appareil sur pied pour la prise de vue panoramique. Il est seul au milieu de la grande salle du Bataclan, parmi une soixantaine de corps allongés autour de lui. L'image est glaçante. Il manque le son. Celui des téléphones portables qui ne cessent de sonner et de s'illuminer à chaque appel, à chaque message désespéré des familles ou des proches. On comprend mieux les frissons qu'ont éprouvés les policiers qui ont affronté la pire nuit de leur vie.

Il n'y a plus de lumière dans cette salle de spectacle. Les plombs ont sauté en même temps que les terroristes. Notre générateur et nos ballons lumineux gonflables sont envoyés sur place. Au bout de quelques minutes la fumée du générateur à essence incommode tout le monde, mais il y a de la lumière. On s'apercevra un peu plus tard que les prises murales fonctionnaient…

La zone A est celle du couloir à l'étage où se trouvent les deux kamikazes morts. Une collègue de la Brigade criminelle établit les constatations. Le premier kamikaze est coupé en deux parties au niveau de l'abdomen du fait de l'explosion de sa ceinture piégée. Les murs et le plafond autour de lui sont devenus rouges. Le second se trouve au bas de l'escalier, avec son arme. La priorité, comme d'habitude, se porte sur les auteurs des faits. Il faut tenter de les identifier le plus rapidement possible. Un doigt isolé est découvert. Il est identifié au fichier automatisé des empreintes digitales : il s'agit de l'annulaire gauche de l'un des terroristes. Vingt-quatre prélèvements d'ogives, de douilles et de cartouches sont effectués. Des écouvillons de prélèvements biologiques sont pratiqués sur les deux cadavres.

La zone B est celle du balcon de gauche où se trouve le corps d'une victime coincée et allongée entre deux rangées de fauteuils rouges. Une kalachnikov se trouve également à ce niveau, dans une rangée de fauteuils, abandonnée par un des auteurs.

Le bouclier Ramsès qui a protégé les hommes de la BRI est toujours sur place, déformé et percé de vingt-sept projectiles tirés par les preneurs d'otages. Un mètre quatre-vingts de haut et 80 kilos de ferraille et de kevlar ont sauvé la vie de la colonne d'assaut qui, en ouvrant la porte derrière laquelle étaient réfugiés les terroristes, a essuyé un déluge de feu. Un seul fonctionnaire a été grièvement blessé à une main par un éclat de balle.

Le laboratoire du déminage est sur place. Il doit sécuriser les lieux et identifier les éléments importants concernant les explosifs. Pour ce faire, il casse des bâtons lumineux et fluorescents et les dépose à côté de chaque indice probant sur les différentes zones ; il souhaite les prendre au plus vite et les emmener. Cyrille, le coordinateur de l'IJ n'est pas d'accord tant que les photos et le plan ne sont pas effectués. Chacun à ses contraintes, mais un certain ordre doit être respecté. Les éléments restent sur place.

La zone C et la zone D sont prises en charge de 3 h 30 à midi. La zone E jusqu'à 11 heures. Dix-neuf cadavres s'y trouvent. On y récupère un déclencheur de ceinture explosive et un émetteur-récepteur.

La zone F est constituée d'un petit local où se trouve un mort. Elle est confiée à un jeune fonctionnaire qui n'a que très peu d'expérience dans les affaires criminelles, et se retrouver seul dans ces conditions est une épreuve très difficile pour lui. Par la suite, il concédera que l'Identité judiciaire n'est pas faite pour lui. Il choisira une autre carrière en changeant d'administration.

La zone G, tenue par Céline B., consiste à s'occuper du passage Saint-Pierre-Amelot. Céline y fait des photographies générales et des prélèvements de sang. Elle fera également le travail en extérieur, face au Bataclan, devant la station de « Vélib » du boulevard Voltaire. La zone H est celle d'Alain C. qu'il enchaîne après son travail sur la zone E. Nous sommes à flux tendu. Il faut être partout en même temps.

Comme ailleurs, des prélèvements biologiques, de munitions et de fils électriques seront effectués dans la zone I. Dans la zone J, on retrouvera une main isolée. Les empreintes digitales et une empreinte palmaire révéleront qu'elle appartient à Samy Amimour, l'un des terroristes.

Victime collatérale

Un homme est mort chez lui, touché, dans le dos par une balle perdue. Il louait un studio dans une petite rue derrière la salle de spectacle. Il est retrouvé le lendemain de l'attaque car sa famille, inquiète de ne pas avoir de ses nouvelles, prévient la police.

4. Les attaques de la Belle équipe et du Comptoir Voltaire

Outre nos collègues d'Écully qui sont en route et que nous attendons, nous avons la surprise de découvrir sur les scènes de crime, des équipes de l'Identité judiciaire venues en renfort depuis d'autres régions plus proches. Nous n'étions pas au courant. Ce sera le cas sur le site de la cinquième attaque, au bar La Belle Équipe, rue de Charonne. La SDAT[1] est présente comme service directeur d'enquête et c'est le Service régional d'identité judiciaire de Versailles qui l'épaule pour les recherches techniques et scientifiques. Ils gèrent une scène de crime avec vingt et un morts.

Au bar Le Comptoir Voltaire, lieu de la sixième attaque, c'est la confusion totale quand une de nos équipes rencontre quatre fonctionnaires du Service régional de l'identité judiciaire de Lille. Ils se chargent, avec la SDAT, d'un kamikaze qui a activé son gilet explosif. Il y a une quinzaine de blessés.

Plus tard, nous exploitons une vidéo de surveillance qui se trouvait à l'intérieur de l'établissement, montrant le frère du seul terroriste vivant qui sera interpellé ultérieurement en Belgique, qui entre seul

1. Sous-direction antiterroriste.

dans le bar et se positionne à côté d'une table où des clients le regardent, incrédules. Il se met alors à prier quelques secondes. Puis il actionne sa ceinture d'explosifs et c'est la déflagration ! Seule la partie arrière de sa ceinture s'active lui arrachant sur un bon centimètre toute l'épaisseur de la peau du dos, comme un animal dépouillé. Son corps est criblé d'écrous. Le souffle de l'explosion blesse toutefois une quinzaine de personnes. Lui seul meurt sur le coup.

Les gens s'enfuient. Quelques instants après, un homme arrive sur les lieux et tente de réanimer le terroriste en pratiquant un massage cardiaque. Fort heureusement ses mains n'appuient que sur le haut de la poitrine, à quelques centimètres au-dessus de la partie ventrale de la ceinture qui n'a pas encore explosé ! Constatant que l'homme est mort et qu'il n'arrive à rien, il le laisse. Ce secouriste bienveillant vient d'échapper miraculeusement à une mort certaine. Le TATP[2] est une substance fortement instable qui peut exploser sous l'effet de la chaleur ou de simples secousses...

Des renforts bienvenus

Les collègues d'Écully qui avaient pris la route dans les meilleurs délais avec plusieurs véhicules, dont leur PC de crise, sont arrivés. Ils n'étaient à la cité du cinéma chez Luc Besson, mais ils vont prendre en charge, avec nous, cet événement majeur de l'histoire de la Police scientifique française. Car c'est bien cela qui se joue, ce soir. Nous allons être éprouvés, broyés, traumatisés.

2. Explosif artisanal, forme trimère du peroxyde d'acétone.

Les équipes d'Écully, une fois arrivées à Paris, se rendent directement à la SDAT car c'est le service qui les a saisies. Puis, elles se rendent sans désemparer sur les sites où travaillent déjà leurs collègues de province pour y effectuer des prises de vue panoramiques. Ces photos sont ensuite montées avec le logiciel Stitcher pour obtenir, comme nous le faisons également, une vue à 360°. Tous ces spécialistes de la Police scientifique vont poursuivre leurs opérations par des vidéos et des prélèvements biologiques. Ils récupèrent des boulons provenant des ceintures d'explosifs, et font de l'odorologie sur le véhicule noir abandonné à Montreuil par le commando des terrasses, rempli d'armes et de munitions. Ils effectuent encore, dans la nuit et pendant plusieurs jours, des missions en relation avec la SDAT lors de perquisitions chez les parents d'un terroriste ou dans d'autres véhicules, soit plus de quinze sorties différentes.

La SDAT est à nouveau en co-saisine avec la Brigade criminelle de Paris, mais cette fois-ci, c'est à sa main qu'auront lieu les investigations et la gestion des scellés.

Durant un moment, un réel manque de coordination sur le terrain trouble les esprits. Nous ne sommes pas au courant de ce déploiement de forces nouvelles. Nous nous posons de multiples questions : Écully a-t-il pris les devants pour demander des renforts en personnel scientifique à des régions voisines ? Le ministère lui-même l'a-t-il décidé de son propre chef ? Ou bien était-ce une idée de la SDAT ?

La réponse est beaucoup plus simple et plus normale. Selon la commission d'enquête parlementaire qui se tiendra du 26 janvier au 19 juin 2016, on apprendra par Philippe Chadrys, le patron de la SDAT entendu par la commission, que « cette décision [fut] le résultat d'une discussion entre chefs de service. Rappelons que nous nous connaissons tous, notamment parmi les services de lutte antiterroriste, la SDAT travaillant régulièrement avec la Préfecture de Police ; à cela s'ajoute l'expérience des attentats de janvier. Concrètement, j'ai convenu avec Philippe Bugeaud qu'il était opportun de nous répartir les scènes de crime, ce que le Directeur central a naturellement validé. En tant que chef du service coordinateur, je l'ai proposé au Parquet, à qui le dispositif a parfaitement convenu. L'objectif était en effet de mobiliser des spécialistes de la scène de crime, car il va de soi que de telles scènes, d'une ampleur inconnue jusqu'alors, ne pouvaient pas être confiées à des services ne possédant pas l'expérience adéquate. »

Cette information s'est diluée dans la cascade des traumatismes subis par les uns et les autres ce soir-là. Une chose est certaine, c'est que je ne suis pas mécontent de ce coup de main providentiel en provenance de Lille et de Versailles. Leur travail a été formidable.

À l'IJPP, nous sommes à genoux pour trouver des équipes et des véhicules pour nous rendre sur place. Plus le temps passe et plus il faut renforcer certains sites en fonction des difficultés rencontrées. Surtout au Bataclan, du fait du nombre de morts, et à La Bonne Bière du fait des tensions entre nous et le service enquêteur chargé de gérer ce secteur.

Cette nuit-là, la section balistique du laboratoire de Police scientifique de Paris a été sous-employée. Ses effectifs revenus comme nous au service ont été les premiers étonnés de ne pas être davantage sollicités, avec tout l'armement utilisé par les tueurs et abandonné sur place ou dans les véhicules utilisés. Ils s'attendaient à être invités à aller mettre les armes en sécurité, à les analyser au plus vite. Mais non, rien ou pas grand-chose. Beaucoup des scellés, confectionnés autour de l'armement utilisé par les terroristes, et des découvertes qui sont faites ultérieurement sont partis à Lyon, au laboratoire d'Écully.

De dépit, Joseph T., un fonctionnaire de la balistique, nous amène les pochettes des cartes grises et les clefs des véhicules de son groupe. Lui et ses collègues souhaitent se montrer utiles d'une manière ou d'une autre. Nous les remercions de ce coup de main.

Faites ce que je dis...

Nous apprendrons également plusieurs jours après, que des gendarmes du GIGN, pré-positionnés non loin du Bataclan, se proposèrent d'intervenir pour mettre fin à la prise d'otages, mais n'en reçurent pas l'ordre.

En ce qui concerne la riposte au Bataclan, la force sentinelle présente, avec huit militaires équipés et possédant le seul armement capable de faire face à des Kalachnikovs, n'intervient pas non plus, sous prétexte qu'ils n'en ont pas reçu l'ordre. Les militaires se trouvent pourtant face à l'un des terroristes, visible, et qui rafale dans le passage Saint-Pierre-Amelot.

Les policiers sur place demandent des instructions à la salle de crise de la Préfecture de Police qui répond que « les militaires n'engagent pas le feu sur le territoire national, que la France n'est pas en état de guerre ». Les policiers, premiers intervenants de la Bac 94, interloqués par cette réponse et impuissants face au feu des terroristes, demandent alors aux militaires de leur prêter leurs armes, les fameux fusils FAMAS[3]. Ils se proposent d'intervenir

3. Fusil d'assaut polyvalent de l'Armée française, calibre 5,56. FAMAS signifie Fusil d'assaut de la Manufacture d'armes de Saint-Étienne.

eux-mêmes et de les décharger de cette décision. Les soldats refusent également car ils n'ont pas d'ordre clair à ce sujet. Comment l'expliquer ?

La commission d'enquête parlementaire sur les attentats du 13 novembre 2015, présidée par Georges Fenech, se dira étonnée des réponses fournies par ceux qu'elle auditionnera et aura bien du mal à répondre aux différentes questions embarrassantes de la presse concernant ces défaillances.

Si ces groupes de l'Identité judiciaire de Versailles et de Lille n'étaient pas venus, je ne sais vraiment pas comment se serait terminée la nuit pour nous.

Nous ne pouvons pas penser qu'un service, même important, très équipé et impliqué à 200 pour cent dans sa tâche, comme celui de l'Identité judiciaire parisienne, puisse gérer seul 130 morts au cours d'une même nuit, sur six sites d'attaques terroristes.

Comme nous ne pouvons pas, dans de telles circonstances, attendre les groupes d'intervention « territorialement compétents » si d'autres intervenants sont à proximité et peuvent assurer la mission.

À la suite de ces failles, tout va changer. Dorénavant, les intervenants les plus proches, et en capacité de le faire, peuvent agir immédiatement et passer le relais à leurs collègues territorialement compétents qui arrivent par la suite.

Il est vrai que, lors de la soirée du 13 novembre les équipements adaptés, la formation et les protocoles appropriés pour ce genre d'événement exceptionnel n'existaient pas encore.

5. Les autopsies

Les corps sont accueillis à l'Institut médico-légal dès 6 heures du matin, le 14 novembre. Le dernier arrivera cinq jours plus tard, une personne décédée à l'hôpital. Les autopsies commencent le jour même. Plusieurs salles d'opération sont ouvertes. Les corps et les fragments, ceux des kamikazes, sont accueillis dans les locaux de l'IML. Plusieurs médecins légistes sont venus en renfort, comme Étienne Alliot qui arrive de Toulon et que j'ai déjà croisé à Seyne-les-Alpes lors du crash de la Germanwings. Trois médecins de l'IRCGN sont là également. L'un d'eux, le médecin en chef Yves Schuliar, est accompagné de trois balisticiens qui viennent apporter leur expertise en blessures de guerre. L'offre des gendarmes de prendre certaines autopsies à leur charge, sur leur plateau de Cergy-Pontoise, pour délester l'IML de Paris est déclinée. Le procureur de la République décide de ne mobiliser qu'un seul site, celui de Paris.

La Préfecture de Police se chargera de tous les morts. Il faut noter que l'IML de Paris est placé sous l'autorité du préfet de police, à l'inverse des autres IML de provinces qui sont hébergés dans des hôpitaux. Encore une particularité parisienne qui peut poser un problème au directeur de l'IML quand il doit argumenter sur des difficultés auprès d'une administration aussi lourde. Il doit toujours, selon ses propres mots, « convaincre ».

Les 130 morts restent donc à Paris. Il est vrai que cela aurait sûrement démultiplié les problèmes en termes de gestion d'informations éclatées en multisites et de déplacements des familles.

Dans la grande et magnifique bibliothèque, au parquet à chevrons en bois vernis, toute une chaîne d'identification post mortem est installée autour de la longue table. Une dizaine de personnes tient les postes clefs de la recherche d'identité des disparus.

Celles et ceux qui s'occupent des affaires personnelles des victimes, la Cellule interministérielle d'aide aux victimes, sont également présents ainsi que des collègues d'Écully et un substitut du procureur de la République.

Je me rends à l'IML pour déposer des documents ou des objets que mes collègues me demandent de leur convoyer. La noria des petites mains qui fait le va-et-vient incessant entre les salles d'opération et ce poumon essentiel à la traçabilité de l'information, double quelquefois l'effectif de la bibliothèque.

Le professeur Bertrand Ludes est le tout nouveau directeur de l'Institut. Il a succédé à la très médiatique Dominique Lecomte, au règne sans partage de plus de vingt années dans cette boutique centenaire. Le professeur Ludes doit faire face, à tout ce charivari et ce brouhaha. Son domaine feutré, où règnent en temps normal silence et recueillement, est chamboulé. Même si chacun à un rôle à peu près bien défini, le professeur Ludes hausse la voix et demande de la discipline et du calme.

Pourtant, plusieurs couacs vont venir troubler la quiétude revenue. Tout d'abord, la visite imprévue de certaines familles qui ont cherché et trouvé sans difficulté l'adresse de l'IML. Elles se présentent, veulent savoir si le proche qu'elles recherchent est bien là. Elles proposent d'aider à l'identification visuelle s'il le faut, souhaitent que les examens aillent plus vite. C'est tendu et rapidement ingérable au niveau du personnel du secrétariat et de l'accueil de l'IML. On comprend l'émotion et le chagrin, mais une famille ne peut pas venir contrarier la méthode de l'identification au cœur du système.

La Préfecture de Police fait garder les entrées par des gardiens de la paix. On donne des ordres clairs : les familles viendront désormais aux présentations seulement quand elles y seront invitées.

Comme chaque fois, la pression politique et médiatique va s'exercer. À peine le travail est-il commencé que tout paraît déjà trop long.

L'Institut est sous pression. On assigne à l'équipe d'identification une semaine pour tout boucler et remettre ses conclusions, ce qui est impossible avec un aussi grand nombre de corps. En effectuant des « autopsies approfondies », il faudrait au moins deux semaines. Le choix est fait d'accélérer l'examen. La cause de la mort étant connue, seuls des « examens de corps » plus légers et des radiographies seront pratiqués pour extraire, au besoin, les morceaux métalliques (ogives, éclats ou écrous des ceintures explosives).

Le groupe d'identification post mortem est pris en « cogestion » par Elvire A., commissaire d'Écully, et Marion F., commissaire et cheffe en second de mon service. Deux styles différents. Mais ces femmes intelligentes sont de la même génération, se connaissent et font en sorte que cette cohabitation se passe au mieux. Elles s'apprécient. Il faut ajouter une chose – Écully nous le reprochera à juste titre : des identités ont été apposées sur certains des corps des 90 victimes du Bataclan lors des constatations. Les enquêteurs pensant bien faire ont laissé de manière apparente sur les corps les pièces d'identité ou les Pass Navigo retrouvés dans leurs poches. De ce fait, les listes générées par le logiciel SINUS font apparaître une quarantaine de X avec des noms sur les 90 corps du Bataclan.

Or, on sait que dans un cas comme celui-ci, il ne faut pas prendre en compte et pour argent comptant les « identités » qu'on peut retrouver sur un mort. Il peut y avoir eu, avant l'attaque, des échanges de papiers, des personnes qui gardent des documents pour d'autres, etc. Et c'est ainsi qu'on génère des erreurs. De plus, à ce stade de nos pratiques sur les scènes de crime, nous n'appliquons pas le « cavalier racine » sur lequel je reviendrai ultérieurement.

La terreur des enquêteurs : la fausse identification

La pire crainte des experts est la fausse identification : des erreurs seront commises lors des attentats de Paris. Ce ne sont pas à proprement parler des erreurs d'identification dues aux examens ADN, d'empreintes ou d'odontologie, mais plutôt des erreurs dans la transmission trop rapide des informations aux familles ou bien des présentations trop hâtives qui leur sont faites de leurs proches décédés. Ces familles sont traumatisées par ce qu'elles estiment à juste titre être impardonnable.

Une famille est avisée par l'hôpital de la Pitié-Salpêtrière que sa fille décédée est dans leurs locaux. Ses parents se rendent sur place et trouvent une personne au visage bandé qu'ils sont dans l'impossibilité de reconnaître. Mais ce n'est pas Justine, 23 ans, morte au Petit Cambodge, dont la dépouille se trouve à l'IML. Il faudra quelques jours aux enquêteurs pour s'apercevoir de ce doublon d'identité et rétablir la vérité.

Ce n'est ni à la CIAV, ni aux hôpitaux, ni aux employés des IML d'annoncer la mort d'une victime à sa famille. C'est uniquement la prérogative d'un enquêteur de police chargé de l'affaire, ou bien d'un membre de la cellule ante mortem, et seulement après que les éléments primaires d'identification ont été établis, qu'une commission d'identification s'est réunie et qu'un procureur de la République a validé ces résultats.

L'identification d'un mort ne peut avoir lieu que grâce aux éléments primaires dans un premier temps : empreintes digitales, ADN et odontologie. S'il y a une difficulté majeure à identifier un corps, on se retourne alors vers les éléments secondaires, marques particulières, tatouages, opérations, ou même vêtements mais uniquement en dernier recours. La validation de ces autres examens secondaires doit également être faite par les experts de la Commission d'identification et le procureur de la République.

Commission d'identification

On appelle « réconciliation » les rapprochements faits entre des éléments semblables contenus dans les dossiers ante et post mortem. J'ai déjà parlé du logiciel PlassData qui est une proposition de rapprochement de ces dossiers. Il est utilisé par Interpol et une vingtaine de pays à travers le monde. Il peut être renseigné en quatre langues (français, anglais, espagnol et arabe). Il permet des échanges d'informations lors de catastrophes internationales. Ce logiciel a été créé en 1978 par un dentiste danois. Il évolue en 1987 vers les catastrophes, mais c'est en 1995 qu'une collaboration entre Danois et Norvégiens finalise sa performance d'analyse et de rapprochement. La première mise en œuvre de cet outil se fait en 1996 en Norvège, suite au crash d'un avion russe sur l'île de Spilberk. Depuis 2005, date marquante du tsunami en Thaïlande, une coopération étroite s'est engagée entre Interpol et la société chargée de le développer.

La Commission d'identification est composée d'experts légistes, dentistes, dactylotechnicien, biologistes ou généticiens, toujours placés sous l'autorité du procureur de la République.

6. L'annonce aux familles

Aujourd'hui les annonces des identifications se font au « fil de l'eau », c'est-à-dire au fur et à mesure que les corps sont identifiés, pour ne pas faire attendre inutilement les familles. C'est une décision qui a été prise pour l'attentat de Nice en juillet 2016. Le reproche du délai trop long avait été fait pour les attentats du 13 novembre de l'année précédente. Il existe aujourd'hui un protocole bien défini pour ces annonces.

Tout d'abord, l'annonce des identifications, quand elles sont certaines, est faite par le procureur lors d'une conférence de presse. C'est lui seul qui est habilité à communiquer publiquement ces informations.

Puis vient l'annonce des décès aux familles. C'est le groupe ante mortem qui s'en charge dans un cadre bien défini. La rencontre entre identificateurs et familles doit être préparée, se faire en face à face, être progressive, dans un lieu adapté. Et la personne à qui nous nous adressons doit être accompagnée.

L'aide des psychologues

Lors des attentats du 13 novembre 2015, une seule psychologue clinicienne accueille les familles des victimes et leur permet d'identifier leurs proches, parfois méconnaissables. À plus de 150 reprises, elle ouvre le rideau durant cinq petites minutes seulement pour que les proches puissent affronter une dernière fois l'insupportable douleur de la séparation. Une de mes collègues l'aide dans cette pénible tâche. Quatre familles sont accueillies le samedi après-midi, deux présentations sont faites. Vingt-six le dimanche, quarante-trois le lundi, trente-sept le mardi, et ainsi de suite… Cent soixante-dix-neuf, pour être précis, en une seule semaine ![1]

Demande particulière des légistes

Après avoir reconstitué le puzzle des restes des auteurs du Bataclan, une jambe de l'un des terroristes manque à l'appel. Il faudra retourner sur place pour la retrouver coincée en hauteur, dans des enceintes…

Dix-sept médecins légistes, quatre dentistes, des radiologues, trois balisticiens, vingt-deux techniciens de Police scientifique et une dizaine d'agents de l'IML seront nécessaires pour identifier les cent quarante corps : cent trente victimes, neuf terroristes et une complice (incluant les corps découverts suite à l'assaut de St-Denis).

L'incontournable autopsie judiciaire

C'est le Code de procédure pénale qui définit le cadre légal des autopsies. Sur le site de la Préfecture de Police, les explications suivantes sont communiquées au grand public :

1. Commission d'enquête parlementaire

– lorsque la cause de la mort est d'origine criminelle ou suspecte, une procédure judiciaire est ouverte. Selon le résultat de l'enquête préliminaire, une autopsie sera ou non demandée par la justice. Le corps ne pourra quitter l'institut médico-légal que lorsque le permis d'inhumer aura été délivré par le magistrat chargé de l'enquête ;

– lorsque l'état civil de la personne n'est pas connu, tout est mis en œuvre pour l'identifier : reconnaissance par les proches en présence des enquêteurs, investigations médicales, etc. Pendant tout le séjour à l'Institut médico-légal, les corps sont placés en chambre froide ;

– une autopsie est un examen effectué par un médecin légiste expert, à la demande de l'autorité judiciaire. L'examen du corps, externe et interne, vise à rechercher les causes de la mort ;

– dans certains cas, des examens complémentaires sont nécessaires : examen radiologique, examen microscopique des différents organes, examen toxicologique, tests biologiques, examen de Police scientifique, etc. Les prélèvements effectués font l'objet de scellés qui seront conservés à l'Institut médico-légal le temps nécessaire ;

– l'autopsie est systématique dans les cas de mort criminelle ou de mort suspecte. Elle est également demandée pour rechercher les causes de la mort, déterminer si celle-ci est naturelle ou non, et préciser les liens de causalité éventuelle avec une maladie, un accident ou un crime ;

– après l'autopsie, le médecin expert rédige un rapport et le remet au magistrat qui l'a commis. La famille peut obtenir les conclusions de ce rapport en s'adressant directement au magistrat. Le médecin légiste n'est pas habilité à fournir ces renseignements ;

– les vêtements portés par la personne décédée à son arrivée à l'institut médico-légal sont remis à la famille, sauf lorsque la procédure judiciaire nécessite leur mise sous scellés. Ils peuvent être détruits par mesure d'hygiène lorsque cela est nécessaire.

Terroristes drogués ou apprentis chimistes ?

Le 14 novembre de 21 h à 3 h du matin, notre équipe de nuit se rend à Alfortville où a lieu une perquisition dans deux studios loués dans un établissement hôtelier. Une cinquantaine de prélèvements pour des analyses biologiques y sont faits. Pour prélever les restes des liquides dans les fonds des verres, nos effectifs utilisent des seringues stériles. Ils repartent en oubliant ce matériel sur la table. Un article sort dans *Le Point* le 17 du mois, et affirme, péremptoire : « La Police est tombée sur des seringues et un jeu d'aiguilles. On ignore encore si ce matériel servait au commando à se droguer ou bien à confectionner des explosifs. »

Notre patron tient son rôle et convoque la cheffe d'équipe pour un petit rappel de consigne. L'entrevue se passe de manière bienveillante.

Le vestiaire du Bataclan

Concernant les vêtements et les affaires des victimes, tout le vestiaire du Bataclan est transporté sur ses portants dans la salle Bertillon, chez nous, à l'Identité judiciaire, 3, quai de l'Horloge. Différentes niches cloisonnées sont installées pour recevoir plusieurs familles en même temps. Un accueil personnalisé leur est réservé. Ici, les familles peuvent bénéficier d'un soutien psychologique, d'informations pour les aides aux victimes et déposer plainte pour celles qui ne l'ont pas encore fait.

Aucun vêtement troué, déchiré ou souillé de sang ne doit être restitué. Il ne faut pas qu'il devienne une relique sur laquelle la famille risquerait de revivre indéfiniment son deuil. C'est ce qu'on nous apprend à notre stage d'identification. À ma connaissance, aucun vêtement ni objets ne l'ont été, pour respecter cette règle de base.

La bande-son du Bataclan

Quelques jours après le drame, un enregistrement sonore du spectacle du Bataclan nous est confié par la Brigade criminelle. C'est un enregistrement numérique effectué sur ce qui semble être un simple disque dur externe.

C'est un technicien du son qui, dans sa fuite, a oublié l'enregistreur au niveau du balcon du premier étage où il officiait à la console technique.

Tout de suite, cette pièce à conviction est remise pour exploitation à notre section des traces technologiques. C'est Fabrice qui est désigné. Il était également l'un de nos vidéastes des scènes de crime, le soir du drame.

Le local où se trouve notre matériel audio est une petite salle aveugle d'à peine dix mètres carrés, située à côté de la tour Bonbec, la cuisine et la machine à café. C'est un couloir étroit, mal éclairé, aux couleurs jaunasses qui y conduit. En face de la porte du local qui reste toujours fermée à clef, un panneau d'affichage en liège sur lequel sont punaisées des feuilles écornées qui n'intéressent plus personne.

J'ai déjà parlé de la machine à café qui délivre un jus de chaussette imbuvable, au gré des réglages improbables des différentes sociétés qui la régentent, mais, pour me faire l'avocat du diable, je dois reconnaître que ce petit périmètre est celui qui a fédéré le plus de monde autour de l'échange d'informations, depuis la gloire passée de la tour Bonbec.

Je sais que « tour Bonbec » ne dit rien à personne, sauf aux gens de l'Identité judiciaire et aux malheureux qui l'ont fréquentée. Cette salle ronde à la voûte phonique parfaite, a une particularité rare : lorsqu'on se place exactement en son centre, la voix revient dans les oreilles de sorte qu'on entend l'écho en même temps qu'on en émet le son.

Jusqu'au déménagement du service en 2017, elle était le studio photo du service, mais en d'autres temps plus troublés, elle servit de prison et de salle de torture. Jacques de Molay, le dernier grand maître des Templiers, et le régicide Damiens y furent pensionnaires et soumis à la question. Ah ! Si les murs pouvaient parler…

Fabrice va commencer par écouter cet enregistrement « à blanc », juste pour en prendre connaissance et se laisser imprégner par ce qu'il entend. C'est tout de suite glaçant et difficilement supportable.

On entend la musique du groupe de rock et, soudain, les premiers coups de feu. On devine la stupeur des spectateurs, une confusion palpable dans la salle et les premiers cris d'effroi de ceux qui comprennent. Puis viennent des invectives, des menaces qui précèdent ou succèdent à des tirs. « Couche-toi ou je tire ! », « Pourquoi on fait ça ? Vous bombardez nos frères en Syrie, en Irak. On est venus ici pour faire la même chose. », « Viens ici, toi ! », « Vous pouvez dire merci à votre président Hollande ! »...

Quand les premiers policiers entrent dans l'enceinte du Bataclan, l'un des preneurs d'otages crie : « On a des otages, recule ou je tire ! » Puis il y a le tir du policier, l'explosion sourde de la ceinture d'explosif, celle qui tue le premier kamikaze sur la scène, le déchiquetant en petits morceaux. Les autres se réfugient à l'étage avec des otages.

On entend des personnes gémir dans la salle, on les imagine au sol, blessées, apeurées, tétanisées. Certaines appellent des proches en pleurant, d'autres supplient qu'on vienne les tirer de là.

Les tirs reprennent. La BRI arrive. Il n'y a plus de tirs jusqu'à l'assaut final...

Voilà, dans un court résumé, ce qu'il faut par la suite tenter de retranscrire. Les mots, les bruits, les cris, les tirs. Il faut tout minuter, de manière à avoir la chronologie du temps réel écoulé entre l'arrivée des terroristes dans la salle et leur mise hors d'état de nuire.

Ce travail doit se faire seul dans cette petite salle, dans une concentration absolue, de manière à n'avoir aucune interférence avec quiconque. Fabrice demandera souvent aux pensionnaires réguliers du distributeur à café de bien vouloir baisser d'un ton leurs conversations animées.

Nous savons très bien que ce document risque d'apparaître comme l'un des plus forts d'un futur procès.

Durant environ deux heures et demie, nous allons entendre plus de 250 coups de feu tirés par les trois meurtriers, en rafales ou au coup par coup. Fabrice va se consacrer à cette lourde tâche de manière « très immersive », si je peux dire. Émotionnellement, c'est très puissant. Je pèse mes mots quand je dis « très puissant », car écouter deux heures et demie de menaces envers des victimes sans défense et d'exécutions sommaires, c'est vraiment difficile à supporter.

Je sais de quoi je parle car j'ai moi-même écouté cet enregistrement plusieurs fois, à la suite de Fabrice. Il m'a demandé de bien vouloir doubler sa retranscription et essayer de comprendre à mon tour certains passages difficilement audibles. J'ai subi aussi la puissance de cette immersion dans l'horreur.

Il m'a appris les manœuvres de base sur cet ordinateur impressionnant, couplé à des écrans où dansent des bâtonnets de couleur dès que se fait entendre un son. Cette machine se pilote plutôt facilement : avancer dans la bande-son, reculer, mettre en pause, améliorer les fréquences sonores des graves et des aigus, j'arrive à m'en sortir.

Sur une scène de crime, on se sert de l'appareil photo comme d'un filtre pour se protéger un peu. Ici, je me sers de la danse des bâtonnets.

Des feuilles blanches devant moi, les notes de Fabrice sur le côté, un crayon à papier, une gomme, mon écoute attentive et un peu de courage, voilà tous mes outils.

J'ai l'impression d'être dans un sous-marin, traquant le souffle de l'ennemi, casque sur les oreilles, seul dans cette petite salle aveugle qui rend un peu claustrophobe.

Ayant déjà vu toutes les photos et les vidéos qui ont été prises sur place, et connaissant parfaitement la physionomie de la salle, j'ai maintenant le son en direct dans les oreilles en même temps que me viennent les images. C'est très déstabilisant. Mon imagination tente de reconstruire les scènes de violence.

Quand Fabrice revient de son déjeuner, je retourne à mon bureau, l'appétit coupé, sans aucune envie de reprendre mes tâches quotidiennes d'état-major. Au diable les statistiques ou la gestion des effectifs.

Je pense que la vie ne tient à rien. J'ai envie d'être ailleurs. Quelquefois, je sors un peu et je vais marcher sur le quai de Conti où j'essaie de me laisser distraire par les étals des bouquinistes. Ça ne fonctionne pas.

Tout ce travail va prendre un certain temps car le son n'est pas toujours égal. Les paroles lointaines, le bruit de fond important. Le matériel sophistiqué que nous possédons nous aide à améliorer des passages, mais certaines parties restent totalement inaudibles.

Je n'ai rien amélioré de notable à la retranscription initiale de mon collègue, c'est lui qui a fait tout le travail, mais j'ai souvent eu des frissons en écoutant ce que j'imaginais être leurs dernières paroles pour certains, avant les claquements des kalachnikovs qui les visaient.

Les enquêteurs de la Crime viennent régulièrement voir l'avancée du travail. Ils veulent savoir ce que les tueurs disent aux otages, comment ils se comportent. Ils veulent entendre s'ils donnent des informations, si de nouvelles pistes pourraient s'ouvrir à la suite de ces discussions. Mais dans ce document sonore, il n'y a qu'un seul message, celui de la barbarie. L'information de la découverte de cette bande-son finit par sortir dans la presse.

J'ai entendu ces voix durant de longues semaines après que le travail fut terminé.

7. La ceinture d'explosifs d'Abdeslam

Le 23 novembre, soit dix jours après les attentats, une ceinture d'explosifs est découverte à Montrouge, dans une poubelle par des éboueurs effectuant leur tournée de ramassage des ordures. Quand les services de police arrivent, elle est posée contre le petit mur d'enclos d'une maison, à côté de sacs de déchets ménagers. Elle a la forme d'un paquet jaune et noir d'environ trente centimètres sur trente, et n'attire pas forcément l'attention.

La vigilance et la curiosité de ces hommes leur ont sans doute sauvé la vie. Au laboratoire, cette ceinture semble défectueuse mais le produit, lui, reste instable et très dangereux.

Comme le sont toutes les autres ceintures qui ont servi durant les attentats du 13 novembre, cet engin explosif improvisé est composé de TATP[1], de piles, d'un détonateur sous forme d'un bouton-poussoir, de fils électriques et d'écrous d'un centimètre de diamètre

1. Découvert à la fin du XIXe siècle par un chimiste allemand, le peroxyde d'acétone – TATP, pour *triacetone triperoxide* en anglais – est un explosif artisanal obtenu en mélangeant, dans des proportions précises, de l'acétone, de l'eau oxygénée et un acide (sulfurique, chlorhydrique ou nitrique). C'est un explosif puissant et très instable. Très prisé des milieux djihadistes qui le surnomment la « mère de Satan ».

disposés en nid d'abeille entre deux couches d'un adhésif jaune ou noir. C'est ce qui lui donne cette forme de paquet.

Les enquêteurs ont localisé Salah Abdeslam, l'unique survivant des kamikazes, à Châtillon, le soir des attentats.

C'est Alex D. qui va faire les photos dans les locaux du labo rue de Dantzig. À notre grande surprise, dès le lendemain les photos de la ceinture et des fils électriques sortent sur la chaîne d'infos MédiaSet Espana et sur VTMNieuws, une chaîne flamande.

Coup de fil de la direction qui demande des comptes, comme on nous en avait déjà demandés en janvier quand la photo de l'arsenal de Coulibaly était parue dans la presse française.

Heureusement, encore une fois, ce ne sont pas nos photos, comme ce n'étaient pas les nôtres en janvier.

Tout le pays connaît quelqu'un, qui connaît quelqu'un, qui a perdu quelqu'un lors des attentats... Dès le lendemain de ces terribles agressions, une chose va me surprendre et continuera de m'intriguer longtemps.

Tout autour de moi, de Paris à ma belle province du Limousin, et quel que soit l'endroit vers lequel je me tourne, quelqu'un connaît quelqu'un qui se trouvait soit sur les terrasses, soit au Bataclan. La France entière semble en connexion avec au moins l'un des 130 tués ou des 400 blessées.

Personnellement, je ne connais personne parmi les victimes. Mais l'un de mes fils connaît deux garçons : Yannick M., 39 ans, mort au Bataclan, avec qui il a fait un stage, et Victor M., 24 ans, l'ami d'un ami, tué à La Belle Équipe.

Mon propre médecin m'apprend qu'il connaît bien son collègue qui était de permanence au Bataclan, comme il est de coutume dans ces événements regroupant un grand nombre de personnes. Ce médecin, placé au balcon du côté gauche, près de la place du praticien de garde, a pu s'enfuir car il connaissait les coulisses comme sa poche. Il assiste très fréquemment aux spectacles donnés ici. Il aidera ensuite certains blessés dans la rue Amelot.

Xavier de la Porte nous apprend dans un article qu'en fait nous serions, selon Camille Roth, un chercheur du CNRS qui travaille sur la dynamique des réseaux sociaux, environ 7 millions en France à connaître quelqu'un qui a perdu quelqu'un lors des attentats. Soit un Français sur dix. Camille Roth se base pour cela sur les réseaux du genre Facebook.

Voici son raisonnement : en supposant que les 130 victimes ne se connaissent pas, avec une taille uniforme de voisinage social (en supposant que chacun connaît exactement N personnes) et étant donné un « taux de transitivité » C (c'est-à-dire, concrètement, le pourcentage de voisins se connaissant), on atteint quelque chose comme 130*N*((N-1)*(1-C)) _(* étant le signe de la multiplication)._

Ce chiffre passerait à 18 millions de personnes, si on ajoutait aux 130 morts les 400 blessées. « Je connais quelqu'un qui connaît quelqu'un », amis, amis d'amis, copains de relations, copains d'enfants. Soit un quart des Français.

Il s'agit seulement de modèles de calcul et d'hypothèses simplificatrices que l'on peut discuter ou contester, nous dit le journaliste, mais qui permettent de donner un ordre de grandeur. De cette proximité ou impression de proximité, dépend la manière dont on vit les attentats, et leur imprégnation sensible et politique.[2]

Nouvelle organisation

Le traumatisme causé par les attentats est général. Il n'y a pas qu'au ministère de l'Intérieur que les choses bougent. Dans les semaines et les mois qui suivent, les services de secours et les hôpitaux revoient aussi leurs moyens d'action. Le plan blanc déclenché le 13 novembre par l'AP-HP a permis de dispatcher et d'absorber sans difficulté, selon son directeur Martin Hirsch, l'accueil des 80 blessés en urgence absolue, et les 220 en état d'urgence relative ; 169 interventions chirurgicales ont été effectuées. Malheureusement on déplore quatre personnes décédées dans les hôpitaux.

Concernant la Police scientifique, dans les semaines qui suivent, plusieurs services régionaux d'identité judiciaire prennent contact avec nous pour nous demander conseil, au cas où…

Depuis le temps que j'exerce, je connais personnellement plusieurs de ces professionnels de la Police scientifique qui travaillent aujourd'hui dans différentes régions. Ils se disent, à juste titre, que tout n'advient pas éternellement au cœur de Paris.

Plus tard encore, Écully fera le tour des IML de France pour les sensibiliser et évaluer leur capacité d'action.

De fait, l'actualité donne raison à tout le monde huit mois plus tard, le soir du 14 juillet 2016, quand à Nice

2. « Un ami d'ami est mort le 13 novembre », article du *Nouvel Observateur* du 11 décembre 2015.

un camion-bélier fonce sur la foule venue admirer le feu d'artifice sur la promenade des Anglais. Ce nouveau massacre terroriste islamiste se solde par la mort de 86 personnes et plus de 450 blessés.

*
* *

Le 14 juillet 2024, la flamme olympique parcourt Paris. À 17 h 37, le relayeur EO72, Arthur Dénouveaux, rescapé de la tuerie, arrive en marchant, le cœur serré, devant l'entrée du Bataclan. Il tient haut sa torche. Il passe le relais dans un « *torch kiss* » – selon la terminologie employée lors du parcours – à l'EO73 Philippe Duperron, père de Thomas, 30 ans, victime des islamistes du 13 novembre.

Deux minutes de recueillement avec la musique d'Arthur Lamarre, violoncelle solo à la garde républicaine, venu en civil jouer la mélodie irlandaise *Danny Boy*, et une *Sarabande* de Bach.

Hasard, coïncidence, mon fils cadet qui travaille chez Vuitton a confectionné la malle qui contient la première de ces torches qui feront le tour de France. C'est la malle que Florent Manaudou ouvre sur le port de Marseille pour accueillir la flamme descendue du Belem. Tout le monde connaît quelqu'un, qui connaît quelqu'un, qui connaît…

ASSAUT FINAL À CORBILLON

1. Un jour sans fin

Nous sommes le mercredi 18 novembre. Il est 6 h 30 du matin. Depuis lundi, les identifications des victimes du 13 novembre battent leur plein à l'Institut médico-légal. Je me lève plus tôt et j'arrive un peu plus en avance que d'habitude au 3, quai de l'Horloge. Je m'assure que les équipes des photographes et des dactylo-techniciens sont au complet et ne manquent de rien avant de quitter nos locaux.

En prenant mon petit déjeuner, j'entends soudain à la radio qu'une intervention du Raid est en cours dans le centre de Saint-Denis depuis quatre heures et demie du matin. Elle serait en relation avec les attentats. La mairie demande aux habitants du secteur de rester confinés chez eux. Je hâte ma préparation et saute sur le scooter du service.

Vers 7 h 30, Perrine, qui tient un poste de l'identification post mortem à la bibliothèque de l'IML, arrive de son côté et rassemble ses troupes. Prendre les empreintes d'une personne vivante est une chose, mais relever celles d'un mort est d'un autre niveau technique. Peu de gens au service savent le faire correctement, mais surtout très peu sont volontaires pour se frotter à l'exercice. Toucher des corps sans vie rebute la plupart des effectifs.

Perrine a également entendu la nouvelle de cet assaut du Raid. Elle serait volontiers partie sur les lieux, mais elle est déjà engagée sur sa mission d'identification. Aucun de nos patrons n'est encore arrivé. Le service est désert. La permanence de nuit s'est déjà rapprochée des lieux.

Je sais que je dois m'y rendre et je prends les devants sans attendre les ordres du patron. Je prépare le grand camion et m'assure qu'il y a, à bord, tout le matériel nécessaire. Il est spécialement équipé de rayonnages permettant le rangement de tout le consommable qui nous est nécessaire, souvent en quantité importante. On y trouve des paquets de combinaisons blanches, de gants, de sur-chaussures. Il y a aussi une tente dépliable, des spots lumineux sur pieds, rallonges, pelles, tamis, pieds-de-biche, etc.

J'attends l'arrivée de la permanence de jour qui prend son service à 8 heures, ainsi que celle de Fabrice le vidéaste qui est en chemin. Par l'intermédiaire de l'état-major du 36, je commande une équipe de motards afin qu'ils viennent nous prendre en charge et nous ouvrent la route jusqu'à Saint-Denis. Sans eux, vu l'horaire propice aux embouteillages, nous n'y parviendrons pas.

Une fois la troupe au complet, un gymkhana s'engage derrière les motards. Notre convoi est constitué d'un de nos Kangoo avec l'équipe de jour à son bord, et du grand camion avec moi au volant. Fabrice est à mes côtés avec son matériel vidéo.

Sur la route, nous obtenons les premières infos des nuiteux. L'assaut à proprement parler semble terminé, mais une fouille à encore lieu dans les immeubles alentours et l'évacuation des locataires est en cours. Les opérations de sécurisation ne sont pas terminées. Le périmètre est toujours bouclé sur un rayon de plusieurs centaines de mètres autour de la rue Corbillon. Nous rejoignons nos collègues qui se trouvent à une encablure, Boulevard Carnot, juste à côté de la ligne du tramway.

L'équipe de nuit est soulagée de nous voir arriver pour prendre sa relève. Rien n'a commencé concernant les constatations judiciaires. On ne sait même pas quel service d'enquête doit être saisi. Seuls la Sous-Direction antiterroriste, le Raid et la BRI sont sur place mais personne encore en ce qui concerne les enquêteurs de la PJ parisienne. Je suis un peu surpris. Notre attente commence. Nous avons besoin d'un feu vert pour intervenir. J'en profite pour aviser ma hiérarchie sur notre position.

Vers 11 heures, je rencontre devant l'entrée de l'immeuble le commissaire Cyril G. d'Écully, déjà sur place depuis 3 heures du matin avec une équipe de quatre personnes.

Ils étaient « dans la boucle » des informations par l'intermédiaire de la SDAT et pré-positionnés dans un fourgon non loin de là, en attendant la fin de l'assaut. En ce qui nous concerne, à l'Identité judiciaire parisienne, personne ne nous a rien communiqué.

Estelle D. commissaire divisionnaire, cheffe à Écully du Service central d'identité judiciaire (SCIJ), arrive avec une autre équipe. Je pense alors que nous allons nous retirer et laisser la place puisqu'Écully est là, au courant de toute l'affaire. Mais lorsqu'Estelle D. me voit, elle me salue chaleureusement et me demande de rester et d'endosser le rôle de coordinateur PTS. Elle aura besoin d'équipes parisiennes car les collègues d'Écully sont déjà, ou doivent encore être engagés sur d'autres missions en Région parisienne. Elle souhaite que je fasse la liaison entre elle et les effectifs qui évolueront à Corbillon. J'avise aussitôt de ces instructions mes propres autorités et demande des renforts. À cet instant, je sais qu'un énorme chantier s'ouvre devant nous, au sens propre comme au sens figuré.

L'assaut du Raid

Selon nos premières informations, L'assaut débute vers 4 h 15. Plus de trente policiers du Raid sont présents dans et devant l'immeuble. Ils tirent des centaines de cartouches et lancent une cinquantaine de grenades assourdissantes. La BRI est également présente. Au total, 110 hommes sont sur place. Il y aurait deux, voire trois terroristes neutralisés, pris sous un mille-feuille de gravats, car une explosion a déclenché un écroulement en cascade au niveau de l'appartement qu'ils occupaient. Tout l'immeuble, très vétuste, est ébranlé, et la chambre du quatrième, située au-dessus de la tête des terroristes s'est écroulée sur eux. Le plancher sur lequel ils se trouvaient, fragilisé par le poids du mille-feuille de décombres et de mobilier, a cédé à son tour et est tombé dans la pièce du dessous, au deuxième étage.

Les fenêtres du troisième niveau, donnant sur la rue Corbillon, ont explosé. Au milieu de la chaussée, il y a un matelas taché de sang, divers objets difficilement identifiables et des restes humains, un morceau d'os et une dent. Le tout expulsé de l'appartement lors de l'explosion.

Je prends contact avec le coordinateur de la Sous-Direction antiterroriste. Notre vidéaste prépare son matériel. C'est lui qui commencera le travail. Le commissaire Cyril G. me demande de lui faire porter les films à Nanterre où il doit se rendre. Mais il faut attendre la fin de la visite des personnalités, dont le ministre de l'Intérieur Bernard Cazeneuve, venues féliciter le Raid.

Nous nous équipons de nos combinaisons, de casques et de surchaussures renforcées pour entrer dans cet univers de ruines menaçantes. Le chef de la colonne d'assaut nous guide et nous explique comment les opérations se sont déroulées, en même temps que nous progressons.

2. Comme après un bombardement

Nous décidons que Fabrice filmera pour fixer les lieux comme nous les trouvons. Nous ne savons pas si nous serons autorisés à y accéder avant un bon moment, vu la dangerosité de l'endroit. Nous prenons le risque.

Nous pénétrons dans la cour intérieure en passant sous un porche. Nous notons au fond de cette cour, sur notre gauche, un amoncellement de gravats. Nous discernons qu'il s'agit d'un morceau de mur tombé du troisième étage. Le reste du mur, dangereusement bombé vers l'extérieur, ne tient plus que par l'opération du Saint-Esprit.

Si nous travaillons dans cette cour, sur ces gravats, nous risquons à tout moment de recevoir le mur sur la tête. Il faut le faire tomber. Pour l'instant, cette zone n'est pas prioritaire.

Nous entrons dans le bâtiment vétuste, il pleut dans chaque pièce. Les canalisations ont cédé sous l'effet de la déflagration. Le courant est coupé. Sur les vieilles marches en bois de l'escalier qui donne accès aux étages, nous trouvons des dizaines de douilles des forces d'assaut. À chaque pas, nous patinons sur les munitions. Le bâtiment est vide de tout occupant. Toutes les portes des appartements sont ouvertes et, en voyant les intérieurs abandonnés précipitamment, nous comprenons que la surprise et la peur ont probablement fortement traumatisé les occupants.

Nous continuons notre ascension jusqu'au deuxième étage. Dans une pièce, nous apercevons l'amoncellement de gravats venu des étages supérieurs et un corps, celui d'un homme, allongé sur le dos, en sous-vêtements, criblé d'écrous. Il présente une forte brûlure au bras gauche. Je remarque immédiatement sa main gauche intacte qui nous aidera peut-être à l'identifier. Ce corps devient prioritaire.

Le troisième étage est totalement dévasté, comme s'il y avait eu un bombardement. Ce ne sont plus des murs que nous voyons, mais des dentelles de cloisons en plâtre. Depuis une pièce, on peut voir dans l'autre. Je n'ai jamais vu ça, ni personne autour de moi d'ailleurs. Je suis stupéfait. La puissance de feu qui a été déployée dans cette zone nous laisse pantois.

Sur le palier du troisième, il y a plusieurs appartements. Celui de gauche est vide, la porte d'entrée présente des traces d'impacts de balles. Un studio en face de l'escalier est dévasté. Il était occupé par trois étrangers dont la situation administrative est en cours d'éclaircissement. Ils ont été interpellés sans difficulté par le Raid. Tremblants de peur, ils se sont présentés en levant les bras. L'un d'eux est blessé. Jusque-là, ils étaient prostrés dans la douche. Ils sont placés en garde à vue en attendant de savoir s'ils ont une relation quelconque avec les terroristes.

À chaque pas, nous nous demandons si nous n'allons pas passer à travers le plancher.

Dans le couloir qui part de l'entrée jusqu'au salon, nous trouvons une salle de bain sur notre droite, puis une autre petite pièce servant de cuisine, puis en face la pièce la plus grande, le salon. Sur les gravats gît Diesel, la chienne malinois d'attaque du Raid, morte au combat. Fabrice, qui avance avec un œil dans le viseur de sa caméra, est surpris quand il tombe sur l'animal et s'exclame : « Oh ! Le pauvre… »

Diesel a été tuée alors qu'elle s'élançait à l'assaut. En se sacrifiant, elle a pu donner de précieuses indications sur la position des terroristes et a permis aux policiers d'ouvrir le feu avec précision. Son maître est choqué et le restera longtemps.

Dans ce salon se trouve, sur la droite, le mur gonflé vers l'extérieur qui donne sur la cour intérieure et menace à tout moment de s'écrouler. Sur la gauche, c'est l'unique chambre qui donne sur la rue Corbillon, là où se tenaient les trois individus juste avant l'explosion. Cette pièce n'est plus qu'un trou béant. Un vaste amas de débris divers et de gravats tombés du quatrième étage. C'est de cet amas d'objets hétéroclites, que le corps que nous avons trouvé au deuxième étage a été tiré. Aucun autre corps n'est visible, pourtant nous savons par le Raid qu'il y en a encore au moins deux autres, quelque part dans ce fatras.

Retour sur l'assaut du Raid

Avant l'assaut, le négociateur du Raid a tenté de raisonner les occupants des lieux depuis l'immeuble de l'autre côté de la rue Corbillon. Il leur a demandé de se rendre. Seule la jeune femme est entrée en communication, en pleurs, depuis la fenêtre de la chambre, apparemment dépassée, paniquée, terrorisée par ce qui se tramait. Ses deux comparses, eux, n'étaient pas disposés à se rendre.

Après ces négociations infructueuses, l'ordre de l'assaut final a été donné. La colonne d'assaut qui a pris position dans l'escalier s'est heurtée à la résistance de la porte qui n'a pas cédé après l'explosion de la charge explosive posée par le Raid.

C'est à ce moment que les policiers ont essuyé des coups de feu. Ils ont répliqué à travers les murs. L'appartement s'est alors trouvé pris sous le feu croisé de trois groupes du Raid. Un côté rue Corbillon, le second sur un parking derrière la cour intérieure de l'immeuble et le troisième, la colonne d'assaut, dans l'escalier.

Quand la porte a enfin cédé, la chienne Diesel s'est élancée à l'assaut mais elle a été abattue dans la seconde. C'est l'explosion d'une ceinture causée soit par le terroriste soit par une munition tirée par le Raid qui a provoqué l'effondrement de la chambre et tué les trois islamistes.

Seul mot d'ordre dans ce genre de situation : éviter à tout prix le suraccident. Celui qui pourrait être causé par l'instabilité du bâtiment mais qui pourrait également venir de découvertes incidentes, comme des explosifs cachés non activés, ou des armes non neutralisées. Ceux qui ont causé un carnage cinq jours plus tôt dans Paris devaient être bien équipés.

Je garde aussi à l'esprit la grenade découverte, en janvier, à l'Hyper Cacher plusieurs jours après les faits.

La préparation aux constatations

Nous prenons rapidement la décision de faire intervenir des architectes de la Ville de Paris pour qu'ils nous donnent leur avis avant d'entreprendre toute recherche au niveau du troisième étage. Verdict auquel nous nous attendions : trop dangereux, il faut faire étayer toute la structure du côté où a eu lieu la déflagration, depuis la cave jusqu'au premier étage qui supporte tout le poids du mille-feuille. Nous demandons un système sécurisant mais pas quelque chose qui va modifier irrémédiablement nos recherches. Nous devons rester maîtres du jeu. Notre objectif est toujours le même : retrouver les corps des terroristes, leur armement, et les identifier.

La commissaire Estelle D. est en relation permanente avec ses chefs à la Direction centrale de la PJ. Ils prennent la décision d'effectuer les travaux, comment faire autrement ? Mais pour cela, il faut qu'ils obtiennent des devis ! C'est la loi. Ce budget non prévu est conséquent, plusieurs dizaines de milliers d'euros. Il faut aussi négocier avec le parquet. Qui prendra en charge la facture ? La commissaire Davet doit expliquer le pourquoi du comment pour imposer nos méthodes de travail.

Pour l'étayage de l'immeuble, c'est acté, mais comment faire pour vider par le dessus, un trou rempli de trois niveaux de mobilier et de gravats au milieu desquels se trouvent nos cibles. Une plate-forme sera construite au-dessus de tout ce méli-mélo comme un plongeoir qui vient au-dessus de l'eau d'une piscine.

Finalement, c'est une entreprise de charpente de Seine-Saint-Denis qui est choisie et vient avec poutres neuves, étayages métalliques et planches. Elle travaille le mercredi soir, toute la nuit et le jeudi matin à consolider l'immeuble. Nous allons aussi devoir employer une seconde entreprise spécialisée, elle, dans l'évacuation des gravats. Une benne est déposée dans la rue Corbillon pour recevoir tout ce qui sera jeté depuis la fenêtre du troisième étage (meubles, planchers, gravats, etc.). Des employés font aussi des navettes avec des seaux depuis les étages concernés en passant par les escaliers. Ils descendent uniquement ce que nous avons trié, fouillé et tamisé minutieusement. Il nous faudra plusieurs bennes.

Mon rôle de coordinateur consiste donc également à donner des consignes fermes et à « surveiller » ces personnes étrangères à l'affaire pour que tout se passe bien tant qu'elles sont avec nous : pas de téléphone, pas de photographies, rien. Et évidemment, comme pour tout le monde, une mise en garde sur des découvertes dangereuses qui pourraient être faites.

Les terroristes, quant à eux, selon les déclarations faites par des membres du RAID sous l'œil des caméras, auraient fait usage d'armes de guerre et de Kalachnikovs. C'est ce qu'ils disent aux autorités venues les féliciter dans la matinée. Le ministre de l'Intérieur, Bernard Cazeneuve, relaie à son tour cette information. La chasse aux corps manquants et aux Kalachnikovs est lancée.

Les effectifs du service départemental de Police judiciaire du 93 sont arrivés. Ce sont eux qui feront office de « petites mains » pour les constatations judiciaires sur les différentes zones, sous la coordination de la SDAT pour le coté enquête, et sous la nôtre pour le côté Police scientifique. Quand je dis « petites mains », il n'y a rien de péjoratif. Chaque groupe est constitué d'un officier de Police judiciaire qui rédige le procès-verbal des constatations sur sa zone, il est le « mains propres ». Il est accompagné d'un ou deux assistants qui vont manipuler les corps ou les objets, ce sont les « mains sales ». Avec eux se trouvent les sachants de la Police scientifique.

Les constatations dans le cadre d'un attentat n'ont rien à voir avec des constatations « classiques » sur une scène de crime.

Je l'ai déjà évoqué, après un attentat le chaos est tel que les recherches doivent être simplifiées, plus rapides, plus sectorisées et se plier à une méthodologie différente concernant la recherche, le marquage, la fixation et la mise sous scellés des traces et des indices.

Pour nous, Police scientifique, ce qui est le plus compliqué à gérer est évidemment l'identification du grand nombre des victimes, comme le soir du 13 novembre. Nous devons prendre en compte cette problématique dès le début des opérations, en la décorrélant de la procédure judiciaire.

C'est ce que les enquêteurs ont le plus de mal à comprendre, cette décorrélation ! L'identification des victimes doit être faite en marge de l'enquête judiciaire. Nos collègues enquêteurs, qui ne sont pas formés à la méthode de l'IVC, ont toujours l'impression d'être dépossédés d'une partie de « leur » enquête.

Je dois dire que les brigades centrales du 36 ne sont généralement pas habituées à travailler en mode « petites mains » pour le compte d'autres services. Pourtant, il le faut selon le plan élaboré auquel nous devons tous nous soumettre.

Je ne sais plus exactement à quel moment j'effectue les présentations entre le chef du SDPJ 93 et la cheffe d'Écully. Celle-ci devient, ès-qualité, la coordinatrice et la responsable du dispositif technique et scientifique sur le site. Les regards sont concentrés et fermés, la poignée de main franche et rapide. Lors de missions hors norme qui font peser sur nos épaules beaucoup de pression, mixant beaucoup de personnels qui ne se connaissent pas, nous devons tous apprendre à nous apprivoiser.

*

* *

Parmi les premiers actes que nous effectuons rue Corbillon, figure le relevé des empreintes digitales du corps masculin découvert au deuxième étage, ainsi qu'un prélèvement d'ADN.

Comme il pleut dans l'appartement et que le corps est détrempé, nous sommes obligés de nous protéger sous un parapluie pour sécher ses doigts. Nous arrivons difficilement à obtenir un résultat correct et exploitable. La scène est ubuesque. Des motards de la Police transporteront nos prélèvements aux laboratoires concernés. Une fois cette zone traitée, le corps est conduit à l'IML. La chienne Diesel est rendue au Raid, à Bièvres. C'est un convoi de l'IML qui l'y dépose. Il n'y a pas eu d'autopsie sur cet animal. Sa mort a suscité une forte émotion en France et à l'étranger.

Objectif : les armes, les armes et les armes…

Nous travaillons en même temps que l'entreprise chargée de l'étayage de la charpente. Nous ne pouvons pas attendre que les travaux soient terminés, le temps presse. À l'extérieur, on sent déjà une forte demande quant à la découverte des armes utilisées par les auteurs des attentats. Le ministère s'impatiente. Nous venons juste de commencer, nous n'avons pas encore mis les mains dans le mille-feuille, et il faudrait déjà avoir découvert la solution !

Je connais fort bien les effectifs du SDPJ 93 qui comptent parmi les plus fins procéduriers et les plus adaptables en milieu hostile ou dégradé. Leur quotidien et leur environnement naturel leur ont déjà épaissi le cuir depuis bien longtemps. Je n'ai aucune crainte quant à leur compréhension de la méthodologie que nous allons devoir appliquer.

Le problème, contre toute attente, vient de nos propres effectifs de l'Identité judiciaire. En accord avec Écully, nous avons confié à notre permanence parisienne le traitement de la rue Corbillon où se trouvent le matelas et quelques restes humains. Rien de compliqué en apparence. Notre photographe commence à poser les cavaliers à côté de chaque indice pouvant intéresser l'enquête, comme il le ferait habituellement sur une scène « classique ». Sauf qu'en ce cas d'espèce, la manière n'est pas la bonne. Les collègues d'Écully le lui font remarquer et une tension s'installe entre eux.

Je suis obligé d'intervenir pour faire plier les Parisiens aux exigences pertinentes des Lyonnais. Une fois n'est pas coutume. Pourquoi ce différend ?

Quelques explications techniques...

Tout le monde connaît les pratiques de la Police scientifique sur une scène de crime. On recherche les traces et les indices, on dépose à côté un numéro ou une lettre sur un cavalier souvent de couleur jaune, puis on réalise les photographies et le plan des lieux avant de procéder au prélèvement et au conditionnement de ces mêmes traces et indices. Jusque-là tout va bien. Mais lors d'un attentat où nous découvrons un grand nombre d'informations qui vont donner lieu à des centaines, voire des milliers de scellés, nous devons appliquer la technique dite du « numéro racine ».

Nous ne disposons plus au sol une multitude de numéros ou de lettres qui rendent la scène et les photos illisibles. Lors des recherches sur une zone de chaos, chaque fois qu'un élément intéressant est découvert, nous utilisons une seule et unique ardoise sur laquelle nous notons :

– la date et l'heure,

– le nom du site où nous nous trouvons,

– la lettre de la zone sur laquelle nous exerçons,

– et ce à quoi nous avons affaire : C (pour corps), P (pour partie de corps), E (pour élément) ou TT (pour travail technique).

Ce numéro dit « racine » devient déclinable à volonté. Il est toujours accompagné d'une (ou plusieurs) photographie(s) de ce qui vient d'être découvert.

Exemple : Deux attentats concomitants viennent d'avoir lieu dans une ville X, à l'opéra et à la gare. Premièrement, nous nommons les sites « Opéra » et « Gare ». Imaginons que le site « Opéra » soit divisé en trois zones (A, B, D), et le site « Gare » en cinq (A, B, D, F, G). Remarquez que nous n'utilisons jamais, pour nommer une zone, les lettres C, P, E ou T, puisque nous nous en servons déjà pour désigner les corps, les parties de corps, les éléments et les travaux techniques.

Imaginons alors que lors de nos constatations sur le site « Opéra », dans la zone A, nous découvrions un premier corps. On renseigne alors l'ardoise unique : Opéra/A/C1, et on prend une photographie de ce corps avec l'ardoise à côté.

Si nous découvrons un second corps dans cette même zone A, le numéro change et devient : Opéra/A /C2, avec la photographie de ce second corps. Puis nous découvrons dans une poche du premier corps une carte d'identité qui est le premier élément. Le numéro racine devient : Opéra/A/C1/E1, et on prend la photo de la carte d'identité accompagnée de ce numéro.

On continue la fouille de ce premier corps et on découvre également un portefeuille. Le numéro sur l'ardoise devient : Opéra/A/C1/E2 avec la photo du portefeuille.

Si dans ce portefeuille, il y a une facture, par exemple, qui peut être intéressante pour l'enquête et qui doit être placée sous scellés, il s'agit donc d'un nouvel élément découvert dans un autre élément, à savoir le portefeuille. Le numéro sur l'ardoise devient Opéra/A/C1/E2/E1, toujours avec une photographie. Et si, pour compliquer les choses, on doit rechercher de l'ADN sur cette facture, cela devient le premier travail technique. On aura comme numéro racine : Opéra/A/C1/E2/E1/TT1 qui peut se lire également en partant de la fin : TT1 est le premier travail technique, effectué sur E1 (la facture) retrouvée dans E2 (le portefeuille) lui-même trouvé sur le premier corps C1 dans la zone A du site Opéra.

Ainsi peut-on décliner et tracer tous les corps, les parties de corps, les éléments, ou les travaux techniques sans risque de se tromper sur leur provenance. Quand il y a plusieurs milliers de scellés comme lors des attentats de 2015, une méthodologie simplifiée, claire et efficace s'impose. Tout le monde le comprend.

3. Sécurisation à tous crins

Comme à leur habitude, les spécialistes du laboratoire des explosifs disposent des bocaux à côté des éléments qui les intéressent et qu'ils prélèvent une fois nos photos et la prise de cotes effectuées. L'officier de Police judiciaire les place sous scellés. Il s'agit de fils électriques, d'un bouton-poussoir, d'un minuteur, de boulons, de ruban adhésif, le tout ayant servi à la fabrication des engins explosifs. Un de ces spécialistes reste avec nous durant toute la durée de la mission. C'est lui qui est chargé de la mise en sécurité des lieux dès qu'une situation suspecte apparaît.

Deux des terroristes sont ensevelis sous les gravats et nous ne savons pas s'ils sont encore équipés de leur arsenal, actif ou non. En outre, le Raid a utilisé une cinquantaine de grenades détonantes mais toutes non pas explosées. Ces grenades de taille et de forme ressemblant à un stick déodorant à tête jaune et ronde, sont lancées à l'aide d'un lance-grenades, et explosent quand elles touchent leur cible. Elles ne sont pas létales mais occasionnent un état de choc et de désorientation à celui à qui elles sont destinées. Mais il faut que l'impact soit assez ferme de manière à activer le système de mise à feu. Dans le cadre de cet assaut, plusieurs grenades, ayant soit rencontré des rideaux soit des canapés mous, n'ont pas explosé. Durant les trois jours et les trois nuits que dure la mission, nous en retrouvons plus d'une quinzaine qui présentent un fort potentiel de dangerosité. Quelqu'un qui les ramasserait pourrait se faire arracher la main.

Je photographie une de ces grenades avec mon téléphone portable et je passe dans tous les groupes pour les mettre en garde sur ce danger potentiel. Chaque fois que quelqu'un en trouve une, nous arrêtons les recherches. Je donne un coup de sifflet pour aviser tous les autres groupes dans les différentes zones, de manière à faire évacuer les lieux et quelquefois le bâtiment.

C'est donc le spécialiste du labo qui est chargé de les détruire, dans un petit square désert de l'autre côté de la rue de la République. Pendant qu'il officie, la rue est toujours sous haute surveillance.

En parlant de la rue, des rues mêmes, il y a foule. L'alerte du confinement est levée pour les habitants alentour. La curiosité les amène, ainsi que les journalistes et leur forêt de caméras qui scrutent nos faits et gestes. Nous ne pouvons pas bloquer tous les accès visuels à la rue Corbillon, ni ceux sur l'arrière du bâtiment. Je demande aux équipes de rester vigilantes et concentrées lors de leur travail afin de conserver toute la discrétion possible sur nos constatations.

Sur les lieux, nous avons très peu d'informations. La SDAT ne communique rien. Même son propre coordinateur ne connaît que très peu de choses. Une fois, on nous demande de rechercher des baskets de couleur orange, une autre fois des housses de costumes… tout cela nous semble bien étrange.

En fait, à l'extérieur, la fourmilière des enquêteurs a largement de l'avance sur nous et travaille sur plusieurs pistes ; premièrement, des vidéos du métro montrent deux des auteurs des attentats des terrasses empruntant les transports en commun le soir du 13 novembre. L'un d'entre eux à des chaussures de couleur orange.

Plus tard, l'appel téléphonique d'une femme conduit les enquêteurs sur la piste de celui qui est considéré comme le cerveau de ces attaques meurtrières. Lors de son témoignage, cette femme confiera héberger de temps en temps, la cousine du terroriste.

Hasna lui a demandé de bien vouloir l'accompagner à la rencontre de son cousin qui cherche un lieu d'hébergement. Pour l'instant il est caché dans un grand buisson à Aubervilliers, sur un talus. Cette femme donne aussi les mêmes informations des chaussures de couleur orange portées par l'homme qu'elle rencontre pour la première fois.

Les enquêteurs organisent alors une planque sur ce talus, à Aubervilliers, et une filature s'ensuit jusqu'à la rue Corbillon ou les deux hommes trouvent refuge chez un logeur fantasque, prolixe devant les médias, mais qui va rapidement regretter son offre d'hébergement. Les enquêteurs n'ont pas voulu interpeller la belle équipe en pleine rue, durant son trajet d'Aubervilliers jusqu'à Saint-Denis. Le doute subsistait sur le port éventuel de ceintures d'explosifs et sur l'armement qu'ils détenaient.

Dès lors, le lieu est mis sous étroite surveillance et la décision est prise d'intervenir. La suite, nous la connaissons à partir de ce mercredi 18 novembre à 4 h 15 du matin…

Nous allons chercher et trouver les chaussures de couleur orange, ce qui confortera un peu plus les enquêteurs dans la justesse des informations qu'ils possèdent déjà. Sur ce point, l'ambiance se détend un peu.

L'après-midi avance rapidement, et la nuit arrive vite. Nous réclamons un puissant groupe électrogène pour électrifier la cour intérieure et les étages du bâtiment, dépourvus de courant. La pluie dans les appartements s'est calmée.

J'ai stationné notre plus grand camion dans la rue de la République, à l'angle de Corbillon, à côté de celui d'Écully. Dès le début de notre travail, j'ai pris les dispositions pour que nous soyons ravitaillés en boissons chaudes et froides, ainsi qu'en repas pour tout le monde. Ce sont nos collègues de l'unité de la formation qui viennent nous approvisionner. J'en profite pour leur montrer les lieux afin qu'ils puissent en tenir compte pour leurs prochaines formations. Comme je l'ai déjà évoqué, voir et savoir est crucial pour la transmission et la formation des nouveaux. On ne peut bien expliquer que ce qu'on a vécu, vu ou partagé. La légitimité du sachant, surtout dans notre domaine, vient pour beaucoup de son expérience de terrain.

Bref, nous pouvons manger et boire. Les leçons de *Charlie Hebdo* et de l'Hyper Cacher ont fini par payer. Enfin un coordinateur qui arrive à anticiper, ce n'est pas trop tôt !

Toutes les équipes de PTS qui se succèdent à Corbillon peuvent bénéficier d'une intendance pour une fois correcte. C'est ce qu'elles me disent. Les recherches continuent la première nuit avec des équipes qui se relaient. Lorsqu'une équipe parisienne s'en va, elle donne un double de toutes ses photos et ses feuilles de prélèvements effectués à Écully, le service coordinateur. À la fin de l'opération, chaque équipe de chaque zone fera le rapport détaillé de son intervention et tous ces comptes rendus seront transmis à Écully qui mettra en forme la procédure globale concernant la Police scientifique. Un rapport dit

« chapeau » résume l'ensemble des actes effectués. Le tout sera transmis à la Sous-Direction antiterroriste.

Parfois, je dois me battre pour faire tourner les équipes. Celle en place veut rester et continuer à aider. Mais elle doit partir, rentrer chez elle et se reposer. Demain sera un autre jour avec encore de nouveaux besoins. Le rôle du coordinateur est aussi de veiller à ne pas épuiser les troupes inutilement.

Il faut comprendre que ces affaires sont, pour nous, les plus importantes que nous ayons connues, tant d'un point de vue humain que professionnel. Alors, chacun essaye d'en faire plus. Il y a un effet tunnel, l'adrénaline est à son maximum, on a l'impression d'être un moment le centre du monde.

Je dois avouer que ceux qui ont participé aux attentats de 2015, ont noué des liens très forts. J'ai toujours constaté que dans les moments les plus difficiles, quand les événements se déclenchent, la plupart des policiers souhaitent y participer. Bien sûr, personne n'a envie que cela recommence.

Nos collègues d'Écully sont hébergés dans des hôtels. Leur logistique est bien rodée. Ils sont venus avec leur PC crise. Du personnel s'occupe de leurs déplacements, de leurs réservations, de leurs heures supplémentaires. Leur énergie n'est consacrée qu'à leur travail de recherches techniques et scientifiques.

Ils sont avec nous rue Corbillon, mais ils sont aussi sollicités pour d'autres constatations sur des véhicules, des découvertes de logements, des perquisitions aux domiciles des auteurs ou de leurs proches. Pour ma part, je rentre chez moi vers 3 heures du matin et je reviens à 7 heures.

La documentation des affaires

Ce matin, il pleut et la première chose que nous faisons est d'installer notre tente dans la rue Corbillon, devant l'entrée du porche, pour y disposer tout notre matériel le plus fragile. Ce lieu nous sert aussi à faire des pauses-café et cigarettes pour les fumeurs. C'est aussi notre micro-infirmerie. Stéphane, un collègue d'Écully, est tombé dans les escaliers glissants et s'est blessé au coude droit. C'est douloureux et handicapant, mais il a eu plus de peur que de mal.

J'en profite pour étudier son cahier de prélèvements. Stéphane, garçon minutieux et organisé, a élaboré une forme de classeur relié, constitué de feuilles A4 orientées en format paysage, spécifiques à chaque lettre du numéro racine. Une feuille pour les C, une autre pour les P, les E et les TT, tout est simple et très clair.

On peut le feuilleter, voir ce qui a été fait, revenir en arrière et connaître immédiatement où l'on en est dans la nomenclature et les travaux en cours. Ce cahier peut être confié à celui ou celle qui effectue la relève, et la suite des recherches peut se faire immédiatement, sans qu'on soit obligé de se lancer dans un discours sans fin de passation de consignes. C'est intelligent. Je m'en servirai plus tard pour établir les mêmes fiches à l'intention de nos effectifs.

L'humilité et le bon sens justifient toujours qu'on puisse s'inspirer du meilleur. Il faut juste rendre à César ce qui appartient à César, ce que bien des gens oublient de faire.

Le jeudi dans la matinée, je reçois un appel téléphonique de ma patronne qui m'apprend que les empreintes digitales relevées sur l'homme ont parlé et confirment l'identité formelle de l'individu retrouvé au deuxième étage. Ce message bienvenu que je suis chargé de redistribuer aux équipes se veut un encouragement pour notre travail. Tout le monde est content sur le site, même si peu de personnes connaissent ce triste personnage. Nous avons le cœur à l'ouvrage.

Nous continuons à chercher des armes que nous ne trouvons pas. Mon patron, avec qui je suis très souvent en contact, me demande aussi cette information de manière récurrente. Finalement, nous qui menons ici nos recherches bien tranquillement allons ressentir une sorte de malaise du fait de cette pression en provenance du ministère. Elle va aller croissant autour de ces armes introuvables.

Je crois qu'une panique s'empare un temps de nos grands chefs. La parole des hommes du Raid aurait-elle été incomprise ? Aurait-elle été précipitée ? Le problème ne serait-il pas aussi dans le fait que le ministre de l'Intérieur a relaté ces mêmes informations sans qu'elles soient vérifiées ?

Alors que je suis dehors, rue de la République, pour aider à la manœuvre de notre camion que nous déplaçons régulièrement, une photographe se trouve juste de l'autre côté de la rubalise du périmètre de sécurité et mitraille dans notre direction. Voyant mon gilet jaune de coordinateur, elle me demande si elle peut franchir la zone et je lui réponds non d'un signe de la main. Elle me montre alors un laissez-passer qu'elle porte autour du cou, une autorisation de la Direction centrale de la PJ. Elle appartient au service d'information et de communication de la Police nationale au ministère, le SICoP. Elle se présente. Je me dis que les ennuis commencent.

Tout de suite elle me met à l'aise, me promettant qu'elle suivra scrupuleusement les règles de confidentialité sur cette affaire, tant en ce qui concerne les fonctionnaires présents, dont elle ne prendra pas les visages ou bien les traces et les indices. Elle m'assure aussi qu'elle sera discrète et ne dérangera pas les enquêteurs. Elle doit juste faire des photos pour illustrer l'ambiance des équipes au travail. Ceci n'a rien à voir avec les photographies techniques judiciaires que nous avons l'habitude de pratiquer.

Je lui dis qu'elle peut rester avec moi et lui explique le fonctionnement de la mission en lui faisant visiter tout le site. Je constate très rapidement les qualités professionnelles de cette fille. Elle a l'œil du photographe, l'art du cadrage et la maîtrise de la lumière. Elle prend des clichés en couleur ou en noir et blanc. Tout est bon. C'est du grand art. Elle restera à mes côtés de la mi-journée jusqu'à tard dans la soirée.

Nous sommes obligés d'ouvrir un centre de tri des scellés. Le mille-feuille diminue à bonne allure et la benne à l'extérieur se remplit par le jeu des vases communicants. Nous trouvons maintenant des résidus de fils de ceinture explosive, des téléphones, des ordinateurs et toujours des restes humains.

Le soir assez tard, un bras apparaît avec sa main. C'est la vingtième partie de corps que nous trouvons dans le mille-feuille. Valérie V. et moi-même tentons de relever les empreintes, en équilibre sur le plongeoir au-dessus du trou.

L'équipe du SDPJ 93 a confectionné une sorte de table de travail avec une porte posée à l'horizontale. Un champ de papier kraft offre un fond neutre pour les photographies. Personne ne rechigne, tout le monde s'organise comme il peut.

4. Plongée dans le mille-feuille

Vendredi 20. Ce matin, à mon retour sur le site de la rue Corbillon, j'apprends que le corps entier d'une femme a été retrouvé dans le mille-feuille au cours de la nuit. Elle n'a pas subi les préjudices physiques d'une explosion, comme ses deux complices.

Je reçois régulièrement des appels de l'IML qui me demande si nous n'avons pas retrouvé un morceau qui manque à leur puzzle.

Le mur gonflé du salon ayant été abattu, une autre équipe travaille maintenant en sécurité sur le tas de gravats dans la cour. C'est elle qui va trouver un pied attaché à un mollet, qui ira alimenter le casse-tête de nos amis de l'IML.

Il n'est pas du tout évident de distinguer de prime abord une partie de corps dans des gravats. Lors de l'effondrement complet ou en partie d'un immeuble, une poussière blanche ou jaunâtre recouvre tout et macule l'ensemble d'une couleur uniforme. Il faut vraiment déplacer les choses, les toucher pour savoir de quoi il s'agit. De toute évidence, les deux premiers corps ayant été découverts chacun avec leurs deux jambes, ce nouveau pied appartient donc à un troisième individu. Élémentaire. Mais à qui ?

Pour les fouilles dans ces gravats, nous disposons de pelles de chantier dans notre camion, tout le monde en veut. Je fournis les grattoirs, sceaux et gants de sécurité dont nous disposons. Je deviens pour un temps le quincaillier le plus couru de tout Saint-Denis.

La Police technique et scientifique a toujours été la mieux équipée en matériel. Beaucoup de services d'enquête se reposent sur elle pour se fournir lorsqu'ils arrivent sur les scènes. Même si cela est de moins en moins vrai, nous avons souvent l'impression d'être une cabine d'habillage, avant de parler du travail en lui-même.

Bien sûr, en ce qui concerne les pelles de chantier et les tamis, leur utilisation est rare et tout le monde n'a pas besoin d'en être doté. Mais pour les casques de chantier en revanche, ils devraient faire partie de l'équipement de base des enquêteurs. Il n'est pas rare, en milieu urbain, d'intervenir sur des accidents de chantier, des incendies, ou dans des caves… Nous avons une dizaine de ces casques bleus dans le camion garé à Corbillon. Écully en dispose également, mais ils sont réservés en priorité à nos équipes. Nous les prêtons volontiers quand nous pouvons ou n'en avons pas besoin, mais tout le monde ne peut pas être équipé et protégé comme les conditions l'exigent.

Ces attentats de 2015 serviront à se poser les bonnes questions, à commencer par savoir comment se préparer matériellement à de telles interventions. Une petite part des budgets de fonctionnement des services devra y être consacrée.

Ce vendredi, nous découvrons deux armes dans le mille-feuille. Un petit pistolet d'alarme quasiment neuf avec son chargeur, et un vrai pistolet calibre neuf millimètres. Ils sont placés sous scellés. Nous avons déjà découvert deux corps, une trentaine de restes et une cinquantaine d'éléments sur lesquels des travaux techniques ont été engagés. Nous avons ramassé plus de

1 200 douilles dans l'escalier et tout autour du bâtiment, et nous ne savons pas combien d'autres ont été tirées depuis les positions des snipers. Tout avance bien, au moins pour nous, car ce n'est pas un avis partagé par le ministère.

Un des cadres de la Direction centrale de la PJ vient sur le site, fait sa visite et regroupe les effectifs dans la cour intérieure. Nous sommes tous là autour de lui, une trentaine de fonctionnaires. Il nous annonce que nous avons fait jusqu'ici du bon travail et ponctue son discours d'un « mais » appuyé. C'est le moment de tendre l'oreille.

Il dit qu'il manque les armes. Que peut-être nous n'avons pas bien cherché, ou pas bien vu dans tous ces gravats… Il est possible qu'elles aient été jetées dans les bennes par inadvertance… bennes qu'il va falloir fouiller à nouveau.

Je comprends que sa pensée fluctue entre étourdis, ou incompétents.

Nous reprenons nos recherches minutieuses. Un peu abasourdis.

La photographe du ministère repasse nous voir. Elle m'indique que son patron à la DCPJ a vu ses photos et qu'il me connaît. Je reste plus que circonspect car, pour ma part, je ne connais personne place Beauvau, et surtout pas le directeur de la PJ. Elle rit et m'indique qu'il s'agit en fait de Jérôme Bonet, son patron au SICoP.

Effectivement, j'ai connu ce jeune commissaire au début des années 2000, quand il était chef de section à la Brigade criminelle de Paris. J'arrivais moi-même à l'Identité judiciaire. Forcément, nous avons traité plusieurs affaires criminelles avec lui et ses groupes. Il était brillant et très respectueux. J'aurais préféré que ce soit lui qui vienne rue Corbillon, je suis certain qu'il se serait exprimé de manière plus courtoise. Malheureusement pour nous, il n'était pas en charge de ces affaires, il deviendra DCPJ en 2019.

Je ne l'ai plus revu depuis toutes ces longues années du temps béni de la Crime. À l'heure où j'écris ces lignes, il continue sa carrière comme préfet du Gard. Longue route à lui.

Rue Corbillon, les recherches sont bientôt terminées. Nous arrivons au fond du mille-feuille. Nous tamisons les dernières pelletées de gravats et retrouvons encore quelques écrous, une dent, mais aucun fusil d'assaut Kalachnikov.

Nous faisons appel à un droniste pour qu'il vienne inspecter les toits. Son travail est compliqué à cause des courants d'air dans la cour intérieure. Son drone est trop léger, il tangue. Les films que nous regardons donnent la nausée.

Le soutien psychologique

Depuis 1996, il existe un service de soutien psychologique opérationnel dans la Police nationale. Une centaine de psychologues exercent sur tout le territoire. Ils et surtout elles (car j'ai toujours eu affaire à des femmes) sont chargés d'organiser et de développer des « *defusings* » et « débriefings » au cours d'entretiens individuels ou collectifs.

Outre les problèmes personnels, familiaux ou professionnels que nous pouvons aborder avec eux, ces professionnels sont présents lors de notre formation au groupe IVC. Ils jugent notre capacité à accomplir les tâches et à intégrer les groupes ante mortem ou post mortem. Nous les rencontrons de manière systématique après les missions les plus traumatisantes comme le tsunami, les accidents d'avions, les attentats ou encore les incendies. Fini l'ancien temps où les flics se pensaient surhumains, sur les affiches de recrutement où trônait cette phrase d'un autre temps : « La police, un métier d'homme ! »

Je peux dire que rencontrer ces personnes est toujours réconfortant. Avec du recul, elles mettent des mots sur ce que nous voyons, ce que nous faisons, ce que nous ressentons et ne comprenons pas toujours.

Elles peuvent aussi être présentes lors de l'accueil des victimes ou des familles. Elles sont très utiles, surtout quand il faut annoncer de mauvaises nouvelles.

5. Retex et réajustements

Avec la rue Corbillon s'est clôturée la terrible période des attentats parisiens de 2015. Nous craignons les fêtes de Noël qui arrivent. Les gens ont peur dans les transports. Tout le monde a peur de tout.

Toutefois, nous n'avons pas terminé le travail, loin de là. Toute la post-production reste à faire. Les albums photos, les plans, les rapports sur toutes nos recherches, la remise à jour de notre matériel utilisé, les commandes de celui qui nous aurait été utile et les retours d'expérience. Durant plusieurs mois nous ne sortons pas de cette boucle. Nous ne parlons que de ça, nous ne vivons que par ça, c'est lourd.

Le 15 décembre 2015 je me rends à Écully pour exposer mon rôle de coordinateur durant les attentats de *Charlie Hebdo*, de l'Hyper Cacher et de la période du 13 novembre. J'interviens devant un groupe qui est en formation pour devenir « manager de PTS », la nouvelle appellation du coordinateur. Je dois être le premier coordinateur depuis que cette formation existe à avoir connu autant de crises graves dans un temps aussi concentré. J'expose à l'aide d'un PowerPoint ce que j'ai fait, ce que j'ai vu, avec le plus d'objectivité possible. J'espère que cela pourra servir à d'autres. Il est loin le temps de ma formation en 2005, et je n'aurais jamais pensé revenir ici pour assurer cette triste transmission d'expérience.

Programme 13 novembre

Début 2016, on propose à ceux qui le désirent, de participer à une étude sur la mémoire concernant le 13 novembre. Qu'en restera-t-il et que deviendra ce récit dans dix ans ? Pour le comprendre, le CNRS, l'Inserm et l'Hesam[1] ont lancé le programme de recherche transdisciplinaire « 13 novembre », dont l'objectif est l'étude de la construction et de l'évolution de la mémoire après les attentats. L'étude est prévue sur une durée de douze années.[2]

Les initiateurs en sont l'historien Denis Peschanski et le neuropsychologue Francis Eustache. L'idée est simple : prendre mille personnes choisies parmi les différents « cercles » autour de l'événement.

Cercle 1 : les survivants, les témoins, les proches et les acteurs-intervenants (policiers, militaires, médecins, Croix-Rouge, etc.)

Cercle 2 : les résidents et usagers des quartiers visés, que ce soit dans le Xe, le XIe ou à Saint-Denis : ceux qui y vivent et ceux qui y travaillent, ceux qui les fréquentent régulièrement pendant leurs loisirs.

Cercle 3 : les habitants des autres quartiers parisiens et de l'Île-de-France

Cercle 4 : les habitants d'autres villes hors de l'Île-de-France – Caen, Metz et Montpellier.

En ce qui me concerne, les séances d'interviews filmées ont lieu au fort de Choisy-le-Roi dans un studio des armées, et à Bry-sur-Marne dans les studios de l'INA. À ma connaissance, nous sommes au moins cinq

1. Hautes Écoles, Sorbonne, Arts et Métiers, Université.
2. Site Internet programme 13 Novembre.

de mon service à y participer. À chaque rencontre, on nous fait raconter comment nous étions impliqués dans ces moments-là. Pour ma part, je raconte mon rôle de coordinateur depuis le début de l'année à *Charlie Hebdo*, mon rôle dans l'accident de la Germanwings qui explique la raison de ma présence au Stade de France, et mon enchaînement jusqu'à l'assaut rue de Corbillon.

À la fin de chaque entretien, il y a un questionnaire papier que nous remplissons au stylo. La durée est variable mais peut aller jusqu'à une heure ou une heure trente.

Une autre chercheuse, Bérangère Tarka, doctorante, fera paraître dans la revue *Urbanité* sur internet son travail concernant des entretiens qu'elle obtient de certains d'entre nous en accord avec Écully. Sa réflexion se pose sur comment notre travail technique entre en résonance ou pas, avec un travail émotionnel. Elle écrit un bel article : « Les professionnels de l'identification de victimes face aux attentats de novembre 2015 à Paris, entre proximité et mise à distance ».

Fin de l'exercice

Plus tard, les 13, 14 et 15 juin 2017, lors de l'avant-dernier regroupement des personnels IVC à Écully, auquel j'assiste, nous avons un débriefing sur ce qu'il ne faut plus faire. Paris et son épisode du 13 novembre sont désignés comme l'exemple à ne pas suivre.

On nous reproche la méconnaissance de l'instruction interministérielle du 12 novembre 2015 qui donnait la doctrine. Note prémonitoire qui date de la veille du 13.

Entre autres compliments qui nous sont faits, on nous parle de l'accueil téléphonique de la Préfecture de Police qui n'était pas suffisamment dimensionné, du placard à balais attribué à la cellule ante mortem de l'UPIVC. Puis vient, pour compléter le tableau, le fait que l'école militaire était ouverte alors que personne n'était au courant. C'est ici, loin de l'IML qu'auraient dû être accueillies les familles. La trop grande proximité à la morgue de l'identification et des visites des proches mélangeait trop les genres et les rôles entre les groupes ante mortem et post mortem. Ce qui est exact.

On nous dit aussi que le FBI, à Quantico, utilise désormais, au profit de ses stagiaires, le modèle de l'assaut à Saint-Denis comme l'exemple de ce qu'il ne faut surtout pas faire. Décidément, nous sommes vraiment la référence !

Bref, il était temps pour Écully de faire un bon rappel à la doctrine ! Nous passons trois jours, sous un soleil splendide, à nous entraîner dans le parc et sous des tentes, avec des élèves infirmières qui jouent le rôle des plastrons.

Deux années plus tard, les 26, 27 et 28 novembre 2019 sont les derniers jours où j'assiste à un entraînement du groupe IVC à Lyon. Plus précisément à l'École des commissaires de police à Saint-Cyr-au-Mont-d'Or. Cette fois-ci, ce sont les élèves d'une école de théâtre lyonnaise qui jouent les rôles des victimes et des familles. Ils et elles se montrent très convaincants.

Nous en profitons pour nous faire ouvrir le musée créé par Edmond Locard qui se trouve sous les combles d'un des bâtiments de l'école. C'est la découverte, pour moi de certaines des armes du crime que le musée nous a autorisé à publier dans un ouvrage coécrit avec Perrine Rogiez-Thubert[3].

La traditionnelle soirée de clôture est chaleureuse et conviviale. Quand on peut allier l'utile à l'agréable, il ne faut jamais s'en priver. Dans la Police, nous n'avons que très peu confiance en l'actualité du lendemain…

Les plus anciens, comme moi, quittent le navire, les nouveaux reprennent la barre et apprennent à se connaître, quoi de plus naturel dans la chaîne des générations ? Je garde un souvenir merveilleux de toutes ces personnes croisées durant ces longues années d'apprentissage. Parmi les morts, que j'ai trop souvent côtoyés, ce que j'ai toujours préféré… c'est la compagnie des vivants !

Le 13 novembre a marqué à jamais tout ceux qui ont suivi les évènements. Qu'il s'agisse des victimes, des familles des victimes, des équipes réunies sur les scènes d'horreur mais aussi de tous les Français traumatisés par la brutalité des attaques.

Nous devons nous souvenir de l'ampleur des actions terroristes menées ce jour-là. Malheureusement, il ne s'agit pas d'un fait isolé et nous devons également ne jamais oublier tous les autres comme le terrible attentat de Nice.

3. *L'Arme du crime*, Éditions ESKA, juillet 2019.

L'ATTENTAT DE NICE

1. Nouvelle tuerie de masse !

Le jeudi 14 juillet 2016, à 22 h 40, juste après le feu d'artifice, un camion de 19 tonnes franchit les barrages routiers et fonce sur la foule venue aux festivités sur la promenade des Anglais. Le chauffeur fait des embardées volontaires pour tuer un maximum de personnes. La tuerie à lieu sur plus d'un kilomètre et demi avant que l'auteur soit abattu par la Police. Bilan : 86 tués, 458 blessés !

La Cellule interministérielle d'aide aux victimes est activée à minuit. Un numéro d'appel est communiqué aux médias à 1 h 30. La réponse téléphonique est pleinement opérationnelle à 2 heures, avec 40 personnes pour répondre. Sur ce plateau, qui n'est ni plus ni moins qu'un centre d'appel téléphonique, ce sont des membres volontaires de la sécurité civile, de la Croix-Rouge, des psychologues, des associations (FENVAC[1] et INAVEM[2]) qui endossent le rôle délicat de répondre aux familles ou aux proches qui peuvent donner les premiers renseignements utiles sur des personnes portées disparues.

Chaque appel ou courriel inquiétant provenant d'une famille fait l'objet d'une ouverture de fiche. Celles-ci sont

1. Fédération nationale des victimes d'attentats et accidents collectifs depuis 1994.
2. Institut national d'aide aux victimes et de médiation, créé en 1986.

alors insérées dans le fichier Crisenet avec un classement selon qu'une personne est recherchée, blessée, décédée, impliquée ou retrouvée.

Ce travail est très important et primordial dans un premier temps. Il n'est pas toujours aisé à faire car les personnes du centre d'appel doivent décrypter et trier les communications qui leur semblent importantes et celles qui le sont moins, ou qui peuvent même s'avérer fantaisistes.

Parmi les appelants figurent les familles, bien évidemment, mais aussi des personnes qui n'ont rien à voir avec l'événement, qui veulent juste se renseigner sur ce qui se passe. D'autres enfin pensent bien faire et s'associer aux recherches en déclarant qu'ils connaissent « la fille d'une amie dont le petit copain pourrait peut-être se trouver en vacances sur la Côte d'Azur ! » J'exagère à peine.

Mais les membres de la Croix-Rouge et des associations présentes, qui font un travail formidable, ne font pas partie de la Police ni du groupe d'identification des victimes. Ils ne connaissent pas exactement ce dont nous avons besoin pour la suite de nos investigations. C'est pour cela que nous les conseillons en leur expliquant sur quoi ils doivent porter leur attention. Cette nuit-là, nous y sommes présents dès 3 heures du matin, le 15 juillet.

Les opérateurs téléphoniques nous basculent alors les appels les plus sensibles. Nous sommes chargés de nous assurer que ces premiers éléments d'information sur des disparitions sont pertinents, avant de les transférer nous-mêmes, par la voie informatique, à notre groupe ante mortem basé à Nice et qui est tenu par nos collègues d'Écully.

Ce groupe, comme à son habitude, prendra ensuite contact avec les familles pour établir un dossier complet.

Une commissaire d'Écully assure le commandement et la coordination de la mission.

Outre le groupe ante mortem ouvert dans un Centre d'aide aux victimes de la ville, et tenu exclusivement par des policiers, le groupe post mortem se tient, quant à lui, à l'Institut médico-légal de l'hôpital de Nice avec des policiers et des gendarmes.

Les gendarmes de l'IRCGN ont leur propre chaîne d'autopsie et sont venus avec leur bus-laboratoire pour l'analyse de l'ADN. C'est ce même véhicule qui ne nous avait été d'aucun secours en mars 2015 à Seyne-les-Alpes car sous-dimensionné pour analyser les milliers de parties de corps retrouvées à l'époque.

À Nice, le cas est tout autre, les corps sont entiers, même si certains sont très abîmés par le choc. Le nombre de personnes décédées permettra en partie l'activation du bus de l'IRCGN.

Recueil des informations

On comprend qu'à la CIAV du quai d'Orsay, une multitude d'éléments arrivent beaucoup plus vite que ceux recueillis sur les lieux mêmes des faits par les enquêteurs. Il ne faut pas s'effrayer d'une masse d'information fournie par les appelants, dont nous savons pertinemment qu'elle se lisse et s'amenuise au fur et à mesure du temps qui passe.

Nous avons « peut-être » les noms des victimes sur nos listes alors que de l'autre côté de l'événement, le groupe post mortem n'a que des corps anonymes à autopsier. Beaucoup de victimes sont habillées très légèrement et certaines sont sans élément personnel qui pourrait nous orienter vers une identité présumée.

La CIAV ouverte pour cet attentat de Nice est composée de différents pôles. Un pôle victimes étrangères, un pôle santé pour les blessés et un pôle cas sensibles pour les personnes susceptibles d'être « décédées ». Environ 120 personnes, au plus fort de l'activité, sont mobilisées.

Pour notre part, nous sommes présents dans le carré police, où se trouvent avec nous un fonctionnaire de la SDAT, un autre de l'OCRVP[3], et un substitut du Procureur de la République.

Entre le 15 et le 19 juillet, nous serons cinq de mon service à nous y relayer.

Autant à Paris qu'à Nice, le service est continu, 24 heures sur 24, et se fait par équipes qui se relèvent dans leur domaine de compétence.

Cette nuit du 14 au 15 juillet 2016, la CIAV reçoit, 1 600 appels, 150 courriels, et 600 signalements sont enregistrés.

À 7 heures du matin, avec le décalage dû à l'accumulation des dossiers, on recherche encore 373 personnes. Vingt-trois sont localisées.

D'autre part, trois autres de nos collègues partent pour Nice, en train, le 15 dans la matinée, pour être intégrés aux groupes ante mortem et post mortem

Quatre magistrats de la section antiterroriste du parquet de Paris sont arrivés sur les lieux tôt dans la matinée au moyen d'avions spécialement affrétés.

Le relevé des empreintes digitales, le signalement descriptif des victimes, la collecte des détails – les marques particulières sur les corps ou sur les effets personnels – sont réalisés à l'hôpital de Nice par la cellule

3. Office central pour la répression des violences aux personnes.

post mortem. De son côté, notre collègue Cyrille intègre la cellule ante mortem et participe au groupe « rapprochements » dans un centre d'aide aux victimes mis à disposition par la mairie dans le vieux Nice. Il alimente les dossiers grâce aux informations reçues de la CIAV ou déposées par les familles qui se déplacent dans ce centre. Par ailleurs, Interpol fournit aussi les renseignements recueillis en relation avec les ambassades lorsqu'il s'agit de victimes étrangères. Son travail en fin de nuit consiste à rapprocher les dossiers ante et post mortem par comparaisons des empreintes digitales, des analyses d'ADN ou en s'appuyant sur les éléments secondaires remarqués sur des photographies.

Contrairement au 13 novembre à Paris, les groupes ante et post mortem sont clairement dissociés, les familles ne peuvent pas se rendre à l'IML de l'hôpital de Nice, même si l'on doit reconduire à la porte deux familles qui ont pu s'introduire dans cet établissement public.

Pour l'anecdote, au sein de la CIAV à Paris, il a été quelquefois compliqué d'entrer en contact avec certaines représentations diplomatiques du fait du week-end prolongé de quatre jours, et des portes closes de leurs locaux. Les numéros des permanents restaient muets. Ils faisaient une pause loin de la Région parisienne, bien compréhensible du fait d'une météo exceptionnelle. Ainsi, les plages de la côte Normande étaient les mieux dotées en ambassadeurs et en consuls.

La commission d'identification composée de légistes, dentistes, biologistes ou dactylotechniciens se réunit jusqu'à deux fois par jour pour valider les résultats. Puis c'est un procureur de la République qui confirme et signe l'acte de décès, ouvrant ainsi la possibilité aux membres du groupe ante mortem d'annoncer officiellement aux familles le décès de leur proche. C'est aussi le procureur qui est chargé de la communication officielle auprès de la presse.

Finalement, quatre jours plus tard, le lundi 18 juillet, la CIAV, à Paris, recense 15 886 appels, 1 721 courriels, et a ouvert 6 746 fiches de signalements.

Je dois dire que lorsque nous appartenons au groupe de l'UNIVC, nous préférons aller sur les lieux et intégrer les groupes ante et post mortem plutôt que la CIAV. Dans un premier temps, lorsque nous sommes désignés pour participer à ce travail, nous ne sommes pas très enthousiastes. Nous avons tort.

Cette tâche, qui est un relais très utile, est trop « administrative » à notre goût. Nous préférons le terrain et la confrontation directe à l'événement.

De plus, cette cellule interministérielle est, et sera toujours, ouverte au quai d'Orsay. Mon service, le Service régional de Police scientifique de Paris, est le plus proche pour l'intégrer rapidement. Il est toujours naturellement désigné.

L'ambiance au quai d'Orsay est très conviviale. Nous bénéficions d'un accueil chaleureux, d'un badge sécurisé, de locaux très corrects et de plateaux-repas excellents, ainsi que d'échanges inattendus.

C'est ce qui arrive alors qu'un « répondant » est en communication avec une famille. Il demande, avant de proposer un relevé d'ADN, si le papa est bien le père biologique. Ce à quoi son interlocutrice répond, très étonnée : « Ah non, mais il l'a toujours élevé avec grand cœur ! »

Pour elle, c'est la même chose, et elle a bien raison, mais en la circonstance cela ne nous arrange pas. C'est toujours ce genre de réflexion sortie sans ambages du cœur des gens qui me fait rengainer mes pensées atrabilaires.

En fin de compte, je suis satisfait d'avoir vu au moins une fois le fonctionnement de la CIAV et ainsi la totalité de la chaîne des identifications.

Le dispositif est levé pour nos trois collègues à Nice, le lundi 18 juillet. Ils reviennent à Paris en avion et participent quelques jours plus tard à une séance de groupe avec une psychologue.

Notre mission à la CIAV, au ministère des Affaires étrangères, se termine le 19 juillet.

Nous pouvons tous reprendre nos activités normales.

Épilogue

Pour qu'une affaire criminelle majeure soit efficacement résolue, il faut que chacun, dans la chaîne de commandement et de traitement, prenne bien conscience de sa place et de sa compétence, sans oublier la chance. Il en faut toujours un peu.

Passé le moment de sidération, il faut se mettre à la tâche en regardant l'horizon. Quelque chose de plus grand que nous, nous guide toujours : Un esprit collectif dans une volonté sans faille.

Une pensée unique doit toujours prévaloir, celle de rester au service des familles, des victimes et, pour ce faire, de chercher, trouver, et transmettre à la justice les preuves nécessaires irréfutables.

À l'attention des plus jeunes, et même s'ils l'apprennent dans les écoles, je dirais qu'ils doivent garder à l'esprit que les traces et les indices se cherchent sur les lieux de crimes et se découvrent dans les premières minutes et les premières heures. Après, il est trop tard. Souvenons-nous des mots d'Edmond Locard : « Le temps qui passe, c'est la vérité qui s'enfuit. »

Tout doit donc être mis en place pour faciliter l'accès aux sites ainsi que le travail de ces équipes de spécialistes rodées à de minutieux protocoles, dont les précieuses découvertes seront reprises ultérieurement dans les laboratoires et utilisées par la justice.

Quand il arrive qu'un corps reste sans nom, que son identification s'avère impossible, personne n'en est la cause.

Partout, dans les affaires que j'ai évoquées, se trouvent aujourd'hui des lieux de mémoire. Monuments, plaques ou autres symboles invitent au recueillement et à la mémoire. Il ne faut jamais oublier l'âme de ceux qui sont partis, pour ne jamais s'oublier soi-même.

Pour terminer, j'ai une pensée pour un de ces corps qui restera à jamais inconnu. Il représente, à mes yeux, toutes ces victimes parties trop tôt. Personne n'a jamais voulu l'identifier, à dessein, et il repose en un lieu symbolique où peuvent se retrouver les familles endeuillées par les guerres : la tombe du soldat inconnu. Dans le caveau, sous l'Arc de Triomphe, son cercueil est recouvert du drapeau tricolore, d'un coussin en velours sur lequel sont posées la médaille militaire, la croix de guerre et la légion d'honneur. Une flamme éternelle brûle et veille sur lui.

Bibliographie et sources

Presse nationale et internationale :

Le dossier du journal *Libération*, samedi 8 et dimanche 9 janvier 2005 – article sur le groupe ante mortem au ministère pour le tsunami Thaïlande.

Le 7 h 43, la chronique de Patrick Cohen sur France Inter du 18 décembre 2015

L'article de Xavier de la Porte, « Un ami d'ami est mort le 13 novembre », presse internet, le 11 décembre 2015.

L'*Express* : « Enquête sur les fausses victimes du terrorisme », Anne Vidalie, le 31 juillet 2018.

Le journal *Libération,* article du 14 février 2016, « Trois mois après le 13 novembre, réparer les survivants ».

Le journal allemand *Halterner Zeitung* : « Une Allemande prétend être de la famille d'une victime pour voyager gratuitement à bord d'un avion mis à disposition par la Germanwings ».

Le magazine en ligne *Passion Entomologie*, interview de Thierry Pasquerault, entomologiste forensique – major de Gendarmerie – IRCGN.

Du même auteur :

L'Arme du crime, Éditions ESKA, 2019, Gilles Reix et Perrine Rogiez-Thubert.

Sources internet :

Site internet de l'Institut de recherche criminelle de la Gendarmerie nationale (IRCGN) à Cergy Pontoise (95).

Site internet du Service national de Police scientifique (SNPS) à Écully.

Site internet d'Interpol.

Site internet de la Préfecture de Police, Institut médico-légal de Paris, texte sur l'autopsie.

Magazine Liaisons, Préfecture de Police.

Documentation scientifique et rapports officiels :

Rapport préliminaire du Bureau d'enquêtes et d'analyses pour la sécurité de l'aviation civile du 6 mai 2015, n° d-px150324, 29 pages.

Commission d'enquête parlementaire du 26 janvier 2016 au 19 juin 2016, présidée par Georges Fenech.

L'Entomologie thanatologique, Ivan Delorme, élève à l'École du Service de santé militaire. Thèse présentée le 2 décembre 1908 à la faculté de médecine et de pharmacie de Lyon, Bibliothèque universitaire de Lyon.

Bérangère Tarka, doctorante : revue *Urbanité*, « Du travail technique au travail émotionnel : les professionnels de l'identification de victimes face aux attentats de novembre 2015 à Paris, entre proximité et mise à distance ».

Acronymes

AM : Groupe (ou cellule) ante mortem de l'IVC (en relation avec les familles).

BC : Brigade criminelle.

BRI : Brigade de recherche et d'intervention.

CIAV : Cellule interministérielle d'aide aux victimes (Quai d'Orsay), n° vert d'appel.

CUMP : Cellule urgences médico-psychologiques.

DCPJ : Direction centrale de la Police judiciaire (devenue DNPJ depuis le 1er juillet 2023).

DNPJ : Direction nationale de la Police judiciaire (anciennement DCPJ).

DOSTOL : Direction opérationnelle des services techniques et logistiques, Préfecture de Police, Paris.

DRI : Division des relations internationales à la DCPJ. Elle assure la gestion et le suivi des trois canaux de coopération opérationnelle que sont Interpol, Schengen et Europol.

DRPJ (Paris) : Direction régionale de la Police judiciaire (au 36).

FGAO : Fonds de garantie des assurances obligatoires de dommages.

FGTI : Fonds de garantie des victimes des actes de terrorisme et d'autres infractions) financé par la communauté des assurés, ne reçoit aucune dotation budgétaire de l'État. Mais il confie la gestion de ses activités opérationnelles aux services du FGAO (Fonds de garantie des assurances obligatoires de dommages), lui-même sous tutelle du ministère de l'Économie, des Finances et de l'Industrie.

GIGN : Groupe d'intervention de la Gendarmerie nationale.

IJ : Identité judiciaire.

IML : Institut médico-légal.

IVC : Identification de victimes de catastrophe (protocole national).

OCRVP : Office central pour la répression des violences aux personnes.

ONG : Organisation non gouvernementale.

PM : Groupe (ou cellule) post mortem de l'IVC (recherche et relevage des corps sur les lieux, travaille à l'IML).

PTS : Police technique et scientifique.

RAID : Recherche, assistance, intervention, dissuasion. Il s'agit d'une unité spécialisée de la Police nationale.

SDAT : Sous-Direction antiterroriste

SDLCODF : Sous-Direction de la lutte contre la criminalité organisée et de la délinquance financière.

SDLC : Sous-Direction de la lutte contre la cybercriminalité.

SINUS : Système d'information numérique standardisé.

SRIJ : Service régional d'Identité judiciaire (devenu SRPTS).

SRPTS : Service régional de Police technique et scientifique (anciennement SRIJ, Paris).

UGIVC (Unité Gendarmerie identification victimes de catastrophe)

UNIVC : l'Unité Nationale d'Identification des Victimes de Catastrophes composée des 02 entités UPIVC et UGIVC

UPIVC : Unité Police identification victimes de catastrophe.

Annexes

ANNEXE 1
Entomologie médico-légale
Des mouches qui relient les hommes avant de les manger.

Je suis, pour ma part, un apiculteur amateur et j'ai toujours été fasciné par l'observation de la nature qui nous place souvent sous le nez les explications simples que nous recherchons lors de nos enquêtes. Je vous partage ici un peu d'entomologie médico-légale.

La technique est simple. Lorsqu'on trouve un corps en état de décomposition, on découvre aussi des larves d'insectes nécrophages à l'œuvre, en train de se nourrir des chairs. Ce sont les « asticots » connus des pêcheurs à la ligne.

Ces larves sont utiles pour aider à la datation de la mort. Grâce à elles, on va pouvoir calculer le temps écoulé entre la découverte du corps et la mort réelle de l'individu.

Mais comment cela est-il possible ?

On prélève une partie de ces larves et on les place vivantes dans un pot en plastique en s'assurant que le couvercle est percé pour laisser entrer de l'air, car les larves respirent. On prélève une seconde partie qu'on immerge dans de l'alcool ou du formol pour les fixer au stade évolué où nous les trouvons.

Si le corps du mort se trouve dans un bois, on procède au relevé d'un échantillonnage de terre autour du cadavre pour y chercher la présence d'éventuelles pupes.

On relève également la température ambiante à l'endroit où se trouve le mort puis on envoie le tout rapidement à nos amis les gendarmes de l'IRCGN pour qu'ils élèvent ces larves et ces pupes en incubateur à température constante.

Car la température est le secret de ces témoins ailés, ou « témoins zélés », comme vous voulez, qui découvrent leur repas toujours avant tout le monde.

Si on comprend qu'un insecte n'évolue pas comme nous, on a tout compris.

En ce qui nous concerne, humains, nous établissons notre vieillissement, notre évolution physique, et donc notre âge en fonction du temps qui s'écoule en secondes, minutes, heures, jours, nuits, semaines, mois et années.

Mais pour un insecte, c'est différent. Il évolue et vieillit plus ou moins vite en fonction de la température qu'il fait autour de lui et qu'il emmagasine dans son organisme. C'est cette accumulation thermique qui le fait vivre plus ou moins longtemps.

Plus il fait chaud et plus la larve se développe rapidement. S'il fait un peu plus frais, elle mettra plus de temps à accomplir son cycle de développement complet depuis l'œuf jusqu'à l'imago, qui est la forme adulte et complète des insectes à métamorphose.

Qui n'a pas vu son grand-père placer ses asticots de pêche dans le bac à légumes du frigo ? Ceci, tout simplement, pour freiner leur cycle de développement.

Les mouches sont des insectes à métamorphose. Cela veut dire qu'un cycle complet de développement passe par plusieurs étapes. L'œuf, la larve (l'asticot), la pupe (qui est l'égale de la chrysalide pour le papillon) et la mouche adulte.

Les mouches appartiennent à l'ordre des diptères. Il en existe plusieurs milliers d'espèces en Europe et dans le monde. Mais seulement quelques-unes intéressent les enquêteurs de l'entomologie médico-légale.

Il a été déterminé que sept à huit escouades d'insectes nécrophages viennent coloniser les corps sans vie, et cela sur plusieurs mois, voire plusieurs années.

Ces études sur les insectes nécrophages remontent à fort loin, nous dit Ivan Delorme dans la thèse qu'il présente le 2 décembre 1908 à la Faculté de médecine et de pharmacie de Lyon, devant un jury attentif présidé par Alexandre Lacassagne, l'illustre professeur de médecine légale de la faculté de Lyon.

Le futur docteur Delorme a lui-même vu au musée d'Histoire de la médecine et de la pharmacie de l'Université de Lyon, un tableau saisissant, daté de 1560 et signé de Jacobus Ligozzo, qui représente une tête en putréfaction posée sur un volume des œuvres de Sénèque. « *La bouche est largement ouverte, et de l'œil droit fermé sort une longue larve qui se dirige vers le nez. Sur le front, on remarque une mouche, et auprès du livre sur lequel la tête repose, deux chrysalides dont la détermination est impossible. Enfin, du côté droit du tableau, on peut voir un sablier surmonté de deux énormes pattes d'un articulé, symbole de la fuite rapide et irréparable du temps. À gauche, une lampe allumée, autour de laquelle tournent deux papillons qui viennent se brûler les ailes à la flamme. Une inscription italienne tirée du Dante surmonte le tout : « Ô ! superbes, ne vous enorgueillissez pas ; nous sommes des vers.* »

En 1850, le premier rapport connu de la littérature sur l'entomologie médico-légale fut établi par le docteur Bergeret d'Arbois à l'occasion d'une autopsie du corps d'un fœtus. Nous donnons ici le passage de ce rapport concernant uniquement la partie entomologique proprement dite. Il s'agissait d'un fœtus momifié, trouvé à Arbois, le 22 mars 1850, au n° 4 de la rue du Citoyen, dans l'intérieur d'une cheminée. D'après la première partie du rapport, cet enfant est né à terme et vivant. L'intérieur du corps et des membres était détruit, l'extérieur du corps existait encore.

Rapport du Dr Bergeret, 1856.
(Annales d'Hygiène et de Médecine légale,
1856, 2e série).

... Les cavités que remplissaient autrefois les organes renferment un grand nombre de petits corps de la forme d'un grain de blé, secs, friables, creux, ouverts à l'une de leurs extrémités, d'une couleur acajou foncé. Ce sont les coques des nymphes d'où sont sortis des insectes dont les larves ont dévoré les organes disparus du cadavre. Ces mêmes nymphes se trouvent en grand nombre sur le cou et dans la bouche de l'enfant. Deux de ces coques renferment le corps desséché de la mouche dont le développement est assez complet, et la forme tout à fait reconnaissable. L'intérieur des membres est rempli de larves de 7 à 8 millimètres de longueur, pleines de vie, qui se sont creusé de longues galeries dans les chairs dont elles se sont nourries. L'épaisseur des bras et des cuisses en présente un grand nombre. Les parties charnues de ces régions ne sont encore détruites qu'en partie. Il en reste encore sur plusieurs points une couche de plusieurs millimètres d'épaisseur d'une consistance analogue à celle du savon, pouvant s'écraser sous le doigt et offrant de l'analogie avec ce que l'on a appelé le gras de cadavre.

À quelle époque remontent la naissance et la mort ?

Pour résoudre cette question, la médecine légale est obligée d'emprunter ses lumières à l'histoire naturelle. Nous avons constaté dans le cadavre, d'une part, des nymphes veuves de leurs insectes, à l'exception de deux d'entre elles qui renfermaient des mouches desséchées qu'une circonstance quelconque avait empêchées de briser leur enveloppe et de prendre leur vol ; d'autre part, des larves ou vers blancs pleins de vie qui se nourrissaient dans l'épaisseur des parties charnues.

Or, voici ce que nous apprend l'histoire naturelle, sur la génération des insectes : la femelle fécondée va déposer ses œufs dans le lieu le plus favorable au développement des petits êtres qui en sortiront. L'œuf éclôt, et il en sort un ver mou, allongé, appelé larve qui, arrivé à un certain degré de développement se transforme en un être nouveau qu'on nomme chrysalide pour les papillons et nymphe pour les autres insectes.

La chrysalide et la nymphe ont une forme oblongue, et représentent une sorte d'être sans apparence de mouvement et de vie. Elles s'ouvrent au bout d'un certain temps et il en sort un insecte capable de reproduire son espèce.

Ces métamorphoses exigent pour se produire la révolution d'une année entière. La femelle pond ses œufs pendant l'été, et ceux-ci devenus larves, conservent cette forme…

Le Dr Bergeret s'interroge sur le temps de la métamorphose. Les observations scientifiques en étaient juste à leurs prémices.

Voyons maintenant, de manière simplifiée, les différentes escouades en nous appuyant sur les travaux et les lumières du docteur Delorme de 1908, et en donnant seulement quelques noms des insectes qu'il cite.

La première escouade est constituée des mouches vertes et bleues (les calliphoridae). Aujourd'hui nous les connaissons bien, elles viennent tourner autour de la pâtée du chat, de la viande de nos barbecues l'été, de nos composts ou bien elles sont attirées par l'odeur du cadavre frais, que l'odorat humain ne perçoit pas. Différentes espèces de mouches sont attirées a des moments très précis par ces odeurs changeantes en perpétuelle évolution. Leur métamorphose complète s'étale sur une vingtaine de jours environ. Le Dr Delorme cite entre autres :

1° *Musca domestica.* – la mouche commune.

2° *Curtonevra* –

3° *Calliphora* –

La seconde escouade arrive après plusieurs semaines de décomposition.

1° *Lucilia – Lucilia Caesar. L. sericata (Meig) et L. sylvarum.*

2° Sarcophaga.

La troisième escouade se présente attirée par l'odeur des graisses rances.

Le Dr. Delorme nous dit que : *Cette phase correspond à la transformation du cadavre humain en une masse d'adipocire ou gras de cadavre.*

Il donne alors différentes familles de coléoptères : *Dermestes Lardarius – Dermestes Undulatus – Dermestes Frischii – Saprinus rotundatus – saprinus assimilis – Trox unistriatus*

La quatrième escouade arrive ensuite attirée par la fermentation caséique.

Le Dr. Delorme dit que : « *les deux insectes caractéristiques sont le Pyophila casei et le P. petasionis* », de la famille des diptères (mouches).

La cinquième escouade doit patienter de très nombreux mois après le décès pour être attirée par la fermentation ammoniacale. Ce sont alors des diptères et des coléoptères qui colonisent le corps. Le Dr. Delorme en détaille les espèces. En voici quelques-unes.

*A – Les Diptères (*mouches*) :*

1° Genre Tyreophora : Tyreophora cynophila ; Tyreophora furcata ; Tyreophora anthropophaga.

B – les Coléoptères :

1° Genre Silpha : Silpha littoralis ; Silpha sinuata.

2° Genre Nécrophorus : N. humator ; N. fossor

3° Genre Hister : Hister cadaverinus

La sixième escouade, est décrite par le Dr Delorme comme la dernière phase du processus. Ce sont des acariens qui arrivent sur le corps au début ou à la fin de la putréfaction. Ce sont eux qui dessèchent complètement les tissus humains. On parle aujourd'hui de corps « parcheminé », la peau ressemblant à du parchemin.

Le Dr Delorme nous dit en conclusion : *« Nous avons ainsi parcouru tout le cycle de la putréfaction. Nous avons suivi le cadavre depuis la période initiale de la putréfaction jusqu'au moment de sa destruction complète, alors que se trouve réalisée la parole de l'Évangile : « Memento homo quia pulvis es, et in pulverem reverteris ».*

« Souviens-toi, homme, que tu es poussière et que tu redeviendras poussière »[1]

De nos jours, ce sont généralement les trois premières escouades qui sont analysées en priorité par les spécialistes en entomologie médico-légale et peuvent

1. Cette phrase traduit un passage du livre de la Genèse (Gn chapitre 3, verset 19) après la chute d'Adam. Prononcée le mercredi des cendres dans le rite romain de la liturgie catholique.

permettre une datation précise avec une faible marge d'erreur.

En résumé, pour qu'une espèce nécrophage puisse se développer de l'œuf à l'imago parfait, il lui faut effectuer cette « *accumulation thermique* » spécifique à chacune des espèces. Les spécialistes s'appliquent à observer ces cycles en laboratoire. L'élevage est réalisé en incubateur.

À compter de la naissance de la mouche, s'engage une autre étude pour déterminer l'âge des larves trouvées sur le cadavre (et donc connaître approximativement le moment de la mort). Il faut retrouver la température moyenne quotidienne du lieu sur lequel les larves ou les pupes ont été prélevées. Les stations météorologiques seront sollicitées et pourront utilement fournir ces renseignements.

Vous savez tout, ou presque, sur ces mouches auxiliaires de justice, que vous ne regarderez plus de la même manière.

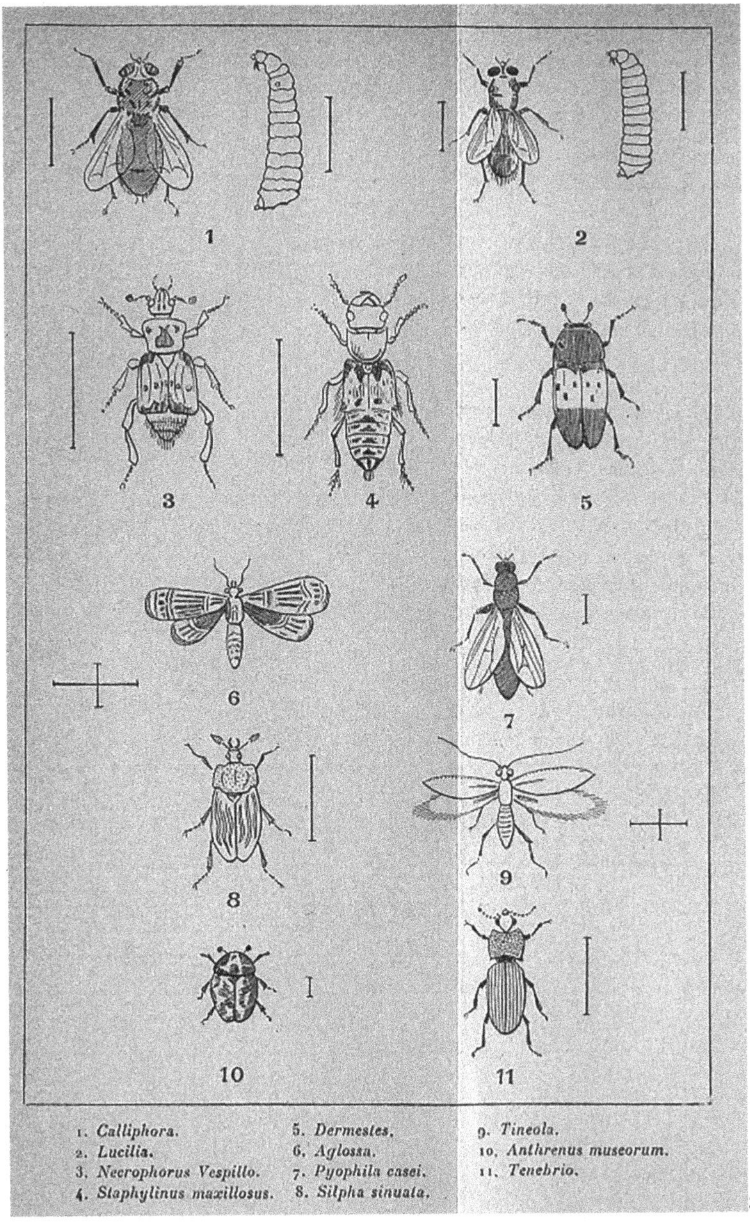

2

2. Planche entomologique présentée lors de la thèse d'Ivan Delorme le 2 décembre 1908 à la Faculté de médecine et de pharmacie de Lyon. Le

ANNEXE 2

Liste des attentats en France depuis janvier 2015

Villes	ÉVÉNEMENTS avec nombre d'auteurs principaux et victimes décédées
	2015
Paris Montrouge Sceaux Villejuif Dammartin-en-Goële	7, 8, 9 janvier 2015 : *Charlie Hebdo* (Paris), Montrouge (92), Parc de Sceaux (92), Villejuif (94), Hyper Casher (Paris), Dammartin-en-Goële – 17 morts – 3 terroristes abattus.
Villejuif (94)	19 avril 2015 : une victime décédée – auteur interpellé.
Oignies (Pas-de-Calais)	21 août 2015 : attaque du train Thalys n° 9364 – auteur interpellé – tentative avortée (donnera le film *Le 15 h 17 pour Paris* de Clint Eastwood en 2018).
Saint-Denis (93) Paris	13 novembre 2015 : Stade de France (Saint-Denis sur 3 sites), Bataclan, Le petit Cambodge et Le Carillon, La Bonne Bière, La Belle Équipe, Comptoir Voltaire – 130 morts – 7 terroristes se font exploser à la ceinture piégée, 3 autres trouvent la mort lors de l'assaut de la rue Corbillon à Saint-Denis, le 18 novembre 2015. Un seul auteur vivant interpellé.
Saint-Quentin-Fallavier (Isère)	22 décembre 2015 attaque d'une usine chimique – 1 mort – l'auteur se suicide en prison.

président de cette thèse était Alexandre Lacassagne, professeur de médecine légale à l'Université de Lyon (Bibliothèque universitaire de Lyon).

	2016	
Paris	7 janvier 2016 : attaque du commissariat de police du XVIIIe arrondissement de Paris avec un hachoir de boucher. Auteur abattu.	
Magnanville (78)	13 juin 2016 : double assassinat d'un couple de fonctionnaires du ministère de l'Intérieur – auteur abattu.	
Nice (06)	14 juillet 2016 : attaque au camion-bélier sur la promenade des Anglais à l'occasion du feu d'artifice – 86 morts – auteur abattu.	
Rouen (76)	26 juillet 2016 : assassinat d'un prêtre dans l'église de Saint-Étienne-du-Rouvray (Rouen) – 2 auteurs abattus.	
Paris	4 septembre 2016 : attentat manqué – 6 bonbonnes de gaz découvertes dans un véhicule près de Notre-Dame et bidons d'essence. Un commando de deux femmes est interpellé.	
	2017	
Paris	3 février 2017 : attaque au couteau au Carrousel du Louvre contre des militaires de l'Opération sentinelle – auteur interpellé.	
Orly (94)	18 mars 2017 : attaque à l'aéroport d'Orly contre des militaires de l'opération sentinelle – auteur abattu.	
Paris	20 avril 2017 : attaque sur les Champs-Élysées – un fonctionnaire de police tué – auteur abattu.	
Paris	6 juin 2017 : attaque au marteau contre des fonctionnaires de police sur le parvis de Notre-Dame – auteur interpellé.	

Paris	19 juin 2017 : attaque à la voiture-bélier sur les Champs-Élysées contre un fourgon de Gendarmerie – auteur abattu.	
Levallois-Perret (92)	9 août 2017 : attaque à la voiture-bélier contre des militaires de l'Opération sentinelle – auteur interpellé.	
Marseille (13)	1er octobre 2017 : attaque à l'arme blanche à la gare de Marseille Saint-Charles – 2 victimes décédées – auteur abattu.	
	2018	
Carcassonne (11) – Trèbes (11)	23 mars 2018 : fusillade et prise d'otages à Carcassonne et Trèbes – 4 morts – auteur abattu.	
Paris	12 mai 2018 : un individu tue une personne, en blesse quatre autres, se dirige vers une patrouille de police qui l'abat.	
Strasbourg (67)	11 décembre 2018 : fusillade au marché de Noël – 5 morts – auteur abattu.	
	2019	
Lyon (69)	24 mai 2019 : attentat à l'engin explosif improvisé devant l'enseigne La Brioche Dorée – auteur interpellé.	
Paris	3 octobre 2019 : attaque au couteau dans l'enceinte même de la Préfecture de Police par un fonctionnaire y travaillant – 4 morts – auteur abattu.	
	2020	
Villejuif (94)	3 janvier 2020 : attaque au couteau dans un parc public – 1 mort – auteur abattu.	
Romans-sur-Isère (26)	4 avril 2020 : attaque au couteau – 2 morts – auteur interpellé.	
Colombes (92)	27 avril 2020 : attaque à la voiture-bélier sur des policiers – auteur interpellé.	

Paris	2 septembre 2020 : attaque au hachoir de boucher rue Nicolas-Appert, non loin des anciens locaux de *Charlie Hebdo*. L'auteur pensait s'en prendre au journal satirique alors que la rédaction avait déménagé depuis les attentats de 2015 – auteur interpellé.	
Conflans-Sainte-Honorine (78)	16 octobre 2020 : assassinat par décapitation du professeur Samuel Paty – auteur abattu.	
Nice (06)	29 octobre 2020 : attentat à la basilique de Nice – 3 morts – auteur interpellé.	
	2021	
Rambouillet (78)	23 avril 2021 : attaque au couteau au commissariat de police de Rambouillet – une adjointe administrative est tuée – terroriste abattu.	
	2023	
Arras (62)	13 octobre 2023 : au lycée Gambetta, le professeur Dominique Bernard est tué – auteur interpellé.	
Paris	2 décembre 2023 : attaque au couteau et au marteau de plusieurs passants au pont de Bir Hakeim – 1 mort et 2 blessés – auteur interpellé.	
	2024	
La Grande-Motte (34)	24 août 2024 : des voitures sont incendiées et l'explosion d'une bouteille de gaz met le feu à la synagogue de La Grande Motte – attaque terroriste antisémite – auteur interpellé.	

Soit 45 faits différents en France entre le 1er janvier 2015 et le 24 août 2024.

Sous réserve d'un décompte juste, 266 victimes sont décédées, 30 terroristes ont été tués et 16 terroristes (principaux) sont en prison.

Ceci n'est pas un résumé exhaustif car il faudrait aussi tenir compte des victimes blessées et des complices des auteurs principaux.

Concernant les actes de Police technique et scientifique, mon service a participé à 30 de ces faits.

Composition réalisée par
Facompo, Rouen

Imprimé en France par
CPI Bussière
en janvier 2025
N° d'impression : 2082052